# MARLENE DIETRICH

Ihre Filme – ihr Leben

von LESLIE FREWIN

WILHELM HEYNE VERLAG
MÜNCHEN

HEYNE-BUCH Nr. 32/79
im Wilhelm Heyne Verlag, München

Herausgeber: Bernhard Matt

Titel der englischen Originalausgabe:
BLOND VENUS / DIETRICH – THE STORY OF A STAR

Deutsche Übersetzung von Keto von Waberer
Bearbeitung Christa Bandmann
Redaktion der erweiterten Auflage:
G. Binder & P. Kraus-Kautzky

3. Auflage

Copyright © 1967 by Leslie Frewin
Copyright © der deutschen Ausgabe
1984 by Wilhelm Heyne Verlag GmbH & Co. KG, München
Umschlag- und Rückseitenfoto: Stiftung Deutsche Kinemathek, Berlin
Innenfotos: Deutscher Fernsehdienst, München; Süddeutscher Verlag, Bilderdienst,
München; Dr. Konrad Karkosch, München; Stiftung Deutsche Kinemathek, Berlin
Printed in Germany 1992
Umschlaggestaltung: Atelier Schütz, München
Satz: Fotosatz Völkl, Germering
Druck und Verarbeitung: Ebner Ulm

ISBN 3-453-86074-8

# Inhalt

*Zur Erinnerung an meinen Vater*

*Marlene Dietrich, geb. 27.12.1901*

I strove with none; for none was worth my strife;
Nature I loved, and, next to Nature, Art;
I warm'd both hands before the fire of life;
It sinks, and I am ready to depart.

Walter Savage Landor

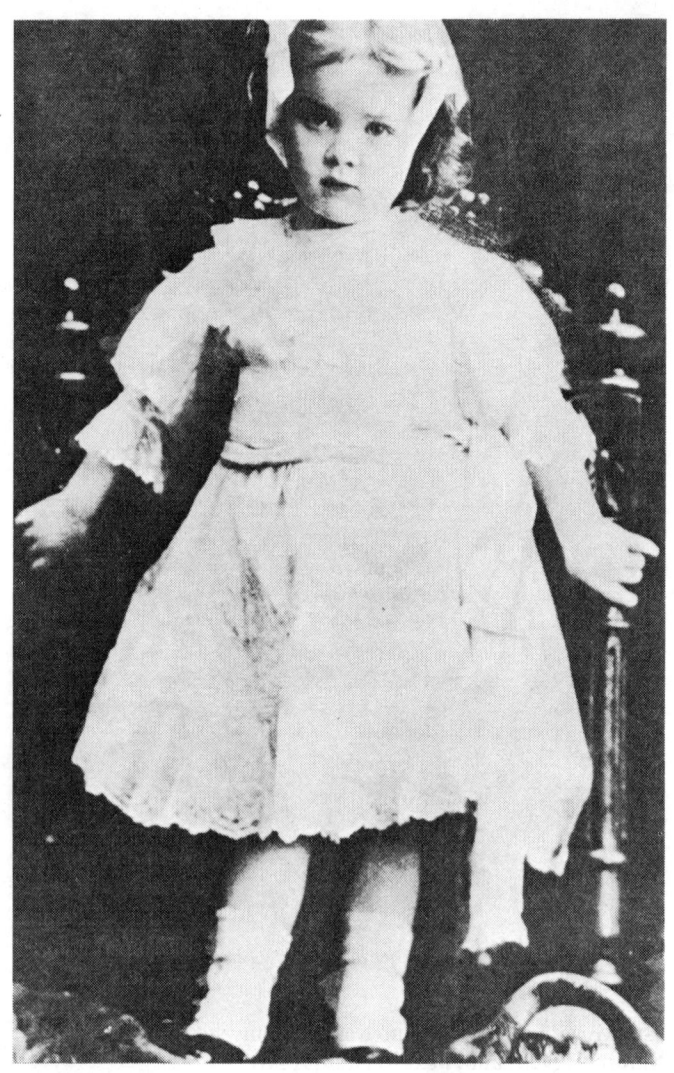

*Recht dünn, blaß und rötlichblond: Marlene Dietrich 1904 als Kind.*

# Kindheit und Jugend

Am 27. Dezember 1901 wurde Marlene Dietrich als Marie Magdalene Dietrich in Berlin-Schöneberg geboren. Die Familie Dietrich war eine angesehene Familie des gehobenen Mittelstandes, zu deren höchsten Tugenden Ehre, Pflicht und Disziplin gehörten. Marlenes Vater war der Polizeioffizier Louis Erich Otto Dietrich, der für seine Verdienste als Major in einem Ulanenregiment im Deutsch-Französischen Krieg 1870/71 mit dem Eisernen Kreuz 2. Klasse ausgezeichnet worden war. 1883 heiratete er die hübsche, siebzehnjährige Wilhelmina Elisabeth Josephine Felsing, die Tochter einer bekannten Berliner Juweliersfamilie.

Die Erstgeborene, Marlenes Schwester Elisabeth, war ein stilles, ernstes Mädchen. Man weiß nicht viel mehr über sie, als daß sie später Lehrerin wurde und ein zurückgezogenes Leben führte. Marlene sprach nur selten über sie.

Kurz nach der Geburt Marlenes wurde Major Dietrich nach Weimar kommandiert. In der großherzoglichen Stadt, wo Goethe über fünfzig Jahre lebte, verbrachte Marlene einen Teil ihrer Kindheit und Jugend. Zurückblickend sagte sie: »Ich bin mit Goethe aufgewachsen, er lehrte mich alles, was ich weiß.«

Wie in all den anderen Offiziersfamilien lebte man auch in der Familie Dietrich nach strengen Grundsätzen. In der Zeitschrift ESQUIRE DEUTSCHLAND schrieb Marlene 1976, daß sie es dem ›tiefen Respekt‹ vor ihrer Mutter zu verdanken gehabt hatte, daß es ihr nicht schwerfiel, die strengen Tagesregeln und die noch strengeren ihrer Kriegsjugend zu befolgen, denn ›sie waren unabhängig von Stimmungen und Launen, sie waren eisern, unabänderlich, unerschütterlich und wurden Beschützer anstatt Feinde‹. Tränen kullerten selten, denn einer der wichtigsten Leitsätze lautete: »Eine Soldatentochter weint nicht.« Marlenes Mutter ›war wie ein guter General ... Sie war das Beispiel des Adels der Familie, der sie entsprang. Ihr Verstand, ihr Herz waren nobel‹. Sie lehrte Marlene die ›Liebe zur Pflicht. Die Liebe zur Arbeit, während man sie verrichtet.‹

Marlene und ihre Schwester wurden wie die meisten anderen

Offizierstöchter erzogen. Sie lernten kochen, handarbeiten und einen Haushalt perfekt zu führen.

Die Mutter Marlenes legte besonderen Wert auf die musische Erziehung ihrer Kinder, was auch ein typisches Merkmal dieser Gesellschaftsschicht war. Insbesondere galt ihre Vorliebe den Werken von Schiller und Goethe. Während die Mutter am Sonntagnachmittag mit einer Handarbeit beschäftigt war, lasen ihr die Mädchen klassische Gedichte und Romane vor.

Musik wurde im Hause Dietrich groß geschrieben. Das beschränkte sich nicht aufs Anhören klassischer Musik, sondern es wurde selbst musiziert. Die Mutter spielte ausgezeichnet Klavier, sang Madrigale und alte deutsche Kunstlieder. Marlene, die eine außergewöhnliche musikalische Begabung besaß, erhielt frühzeitig Klavier- und Violinunterricht. Allmorgendlich wurde sie von ihrer französischen Amme zu ihrer Musiklehrerin, Frau Dessant, begleitet, um Tonleitern zu üben. Als sie mit dem Instrument besser umzugehen wußte, übte sie auf Wunsch der Mutter Bach und Händel, wofür sie als Belohnung Chopin-Etüden spielen durfte.

Sie lauschte den Familienvorträgen über die Sünde der Lebensmittelverschwendung, über die Tugend, stets Selbstbeherrschung zu üben und jeden Anflug von Launen, Kummer oder Unzufriedenheit zu verbergen. All das, so erklärte man ihr, war dazu angetan, ihren Charakter zu festigen und ihren Körper gegen Schwäche und Trägheit zu stählen. Sie lernte, bei eisiger Kälte ohne Mantel auszugehen und trotz brennendem Durst nicht um ein Glas Wasser zu bitten. Körperliche Ertüchtigung war ein wichtiger Bestandteil des Erziehungsprogramms. Die Familie machte endlose Spaziergänge im Schnee, die Mädchen wurden zu Turnübungen auf dem vereisten Spielplatz angehalten. Kalte Bäder rundeten das Programm ab. Ohne Zweifel müssen die Reitstunden eine wahre Erholung für Marlene gewesen sein. Sie ritt durch den Berliner Tiergarten – neben ihr ein Angehöriger der Armee, der ihr Pferd am Zügel hielt.

Marlene kam frühzeitig in die Schule. Sie wurde nicht nur ein Jahr früher als die anderen Kinder eingeschult, sie kam auch gleich in die zweite Klasse, da sie etwas lesen, schreiben und rechnen konnte und französisch sprach. Sie besuchte die Auguste-Viktoria-Mädchenschule. Eine ihrer Mitschülerinnen erinnerte sich, daß Marlene das wohl schüchternste Mädchen der ganzen Schule gewesen war, nervös und unsicher. Sie fühlte sich

*Maria Magdalena
Dietrich
als Fünfjährige.*

einsam, denn von den Gesprächen und Geheimnissen ihrer älteren Mitschülerinnen war sie ausgeschlossen. Sie war jünger als die Anfänger und jünger als die Mädchen in ihrer Klasse. Sie suchte jemanden, der ihre Einsamkeit teilte, der ihre kindlichen Sorgen und Nöte verstand, der zu ihr hielt und sie nicht beurteilte nach der Anzahl ihrer Jahre. In der Französin Marguerite Breguand, die die fortgeschrittenen Klassen in Französisch unterrichtete, fand sie eine verständnisvolle Freundin.

Im ESQUIRE DEUTSCHLAND hat Marlene beschrieben, wie sie auf ihre ›heimliche Liebe‹ mit klopfendem Herzen wartete und jeden Moment damit verbrachte, sich auszudenken, womit sie sie beschenken könnte. Dann kam endlich der Tag, an dem sie ihre Schülerin wurde. »Jetzt war ich in ihrem Klassenzimmer, jetzt konnte ich sie ansehen ... Die Vertrautheit zwischen uns schwang durch die schläfrige Luft des Klassenzimmers wie ein

11

blasses blaues Band und erfüllte mein Herz mit einer Art Glücksgefühl, das Dichter beschreiben und Menschen nie fühlen.«

Der Ausbruch des Krieges 1914 bereitete dieser innigen Liebe ein jähes Ende. Nach den Sommerferien in einem Landschulheim suchte Marlene Mademoiselle Breguand unter ihren Lehrern vergeblich. Der Gedanke, daß Frankreich der Feind Deutschlands sein sollte, war ihr unerträglich und ließ sie ohnmächtig werden. Im ESQUIRE hat sie ihre Gefühle beim Anblick der marschierenden Soldaten beschrieben: ›Ich war die erste Beraubte! Das erste Opfer! Ich hatte Marguerite Breguand verloren ... Sie feiern ein großes Kriegsfest, zum Marsch nach Frankreich. Barbaren feiern den Kriegsausbruch‹, den Kampf gegen ihr geliebtes Frankreich, dessen Sprache sie über alles liebte.

Als sie zehn Jahre alt war, starb ihr Vater. Die Familie geriet in finanzielle Bedrängnis, weshalb die Mutter eine Stellung als Haushälterin in der wohlhabenden Familie von Losch annahm. Einige Zeit später heiratete sie den jungen Offizier Eduard von Losch, der Marlene und ihre Schwester adoptierte und ihnen seinen Familiennamen gab. An der strengen Erziehung der Kinder änderte sich durch diese Heirat nichts.

Eduard von Losch gehörte als Grenadierleutnant zum Königlichen Regiment, das beim deutschen Adel für das Kernstück der preußischen Armee galt und in dem nur Söhne der besten Familien Aufnahme fanden. Eduard von Losch war das Abbild eines aufrechten Preußen. Im ESQUIRE hat Marlene ihren Stiefvater beschrieben als ›eine große, imposante Figur, Ledergeruch, glänzende Stiefel, Reitgerte ...‹ Durch den Krieg bekam sie ihn selten zu Gesicht. Er kämpfte an der Westfront und fiel später in Rußland. Noch 1916 schrieb er nach Hause, daß er an den bevorstehenden Sieg Deutschlands glaube und erwarte, in ein paar Wochen in Paris einzumarschieren. Kurz darauf wurde er abberufen, um das Kommando der Truppen an der russischen Grenze zu übernehmen.

Täglich begleitete Marlene ihre Mutter in den frühen Abendstunden zum Rathaus, um die amtlichen Vermißtenlisten einzusehen. Bis eines Tages das Telegramm kam und die Mutter mit Erlaubnis des Oberkommandos an die russische Front reiste, um ihrem Mann ›Trost zu spenden‹, wie das damals hieß, wenn kaum Hoffnung bestand, daß der Verwundete am Leben bleiben würde. Als sie nach Berlin zurückkehrte, war er seinen Verletzungen erlegen. Sein letzter Gedanke soll Marlene gegolten haben. Einer Legende zufolge soll er seiner Frau gegenüber den Wunsch geäußert haben, Marlene solle Konzertgeigerin werden.

Besonders gute schulische Leistungen erbrachte Marlene in Deutsch und Musik. Sie verstand es ausgezeichnet, Gedichte zu rezitieren, eine Fähigkeit, die sie sich zweifellos schon in ihrer frühen Kindheit erworben hatte. Als Sechzehnjährige spielte sie im Schulorchester die erste Geige. In jene Zeit fiel auch die schwärmerische Zuneigung zu Henny Porten, deren Filme sie zu Tränen rührten. Angeblich soll sie Künstlerpostkarten von der Porten koloriert und sie ihr verstohlen zugesteckt haben, wenn sie sie nach endlosem Warten vor deren Haustür zu Gesicht bekam. Auch soll sie ihrem Idol Cremeschnitten zur Premiere ihrer Filme ins Haus geschickt haben.

Nach dem Abitur verließ Marlene die Auguste-Viktoria-Schule. Der Krieg hatte das soziale Gefüge bis in die Grundfesten erschüttert. Mit dem zufriedenen Leben des gehobenen Mittelstandes war es zu Ende. Hunger und Arbeitslosigkeit erhitzten die Gemüter. Berlin hatte zu jener Zeit nichts mit jener Stadt gemein, in der Marlene ihre Kindheit verbracht hatte. Billige Tanzlokale und Cafés schossen wie Pilze aus dem Boden. Arbeitslose kratzten ihre letzten Groschen zusammen und füllten die Kinos, denn dort war es warm.

Ein Börsenkrach brachte Frau von Losch um ihr gesamtes Vermögen. Das große Haus, das ihr erster Ehemann hinterlassen hatte, wurde verkauft. Mit ihren beiden Töchtern zog sie in eine kleine, bescheidene Wohnung.

Die unruhigen Verhältnisse, die unmittelbar nach dem Krieg in Berlin herrschten, waren mit ein Grund, daß Marlene 1919/20 nach Weimar ging, um dort an der Musikhochschule Geige zu studieren. Keiner zweifelte daran, daß aus Marlene eine ausgezeichnete Konzertgeigerin werden würde – weder die Mutter noch ihr ehemaliger Musiklehrer. Über ein Jahr studierte sie in Weimar Geige bei Professor Flesch.[*]

---

[*] Ob er tatsächlich ihr damaliger Musikprofessor war, darüber sind sich die Biographen nicht ganz einig. Ein Kommilitone Marlenes nannte einen Professor namens Paul Elgers; ein anderer einen Professor Reitz.

Wolfgang Rosé, ein Neffe des Komponisten Gustav Mahler und Kommilitone Marlenes in Weimar, sagte, daß Marlene zwar einen »leidenschaftlichen Eifer« während ihres Studiums an den Tag legte, jedoch »durchaus keine überragende Schülerin« gewesen wäre. »Ich glaube, sie war entmutigt ...«

Marlene absolvierte ihr Studium in Weimar, kam aber ohne Abschluß nach Berlin zurück.

Jetzt erst kam ihr die Veränderung, die Berlin durch den Krieg erfahren hatte, richtig zum Bewußtsein, und sie begriff, in welchem Ausmaß das Einkommen der Familie geschrumpft war. Es hieß den Gürtel enger schnallen. Die Ausgaben des Haushalts mußten auf ein Mindestmaß beschränkt werden, und es war nur natürlich, daß die Familie in diesen Notzeiten enger zusammenrückte als bisher. Die Mutter Marlenes, durch die Kümmernisse geschwächt, lockerte die strengen Erziehungsmethoden, was eine innigere Verbindung zu ihren Töchtern zur Folge hatte.

Trotz der schlechten finanziellen Verhältnisse schickte Frau von Losch Marlene in Berlin auf die Hochschule für Musik, damit Marlene ihr Examen machen konnte. (Auch in diesem Punkt sind sich die Biographen nicht ganz einig: Auch Sheridan Morley behauptet in seiner Bildbiographie ›Marlene Dietrich‹, daß Marlene die Berliner Hochschule für Musik besucht habe, während Charles Higham vergeblich nach Unterlagen suchte, die belegten, daß Marlene je dort eingeschrieben war. Marlene selbst erwähnt im ESQUIRE DEUTSCHLAND weder das Konservatorium in Weimar noch die Hochschule für Musik in Berlin.) Fest steht jedenfalls, daß Marlene das Geigenspiel aufgeben mußte. Sie übte damals mehrere Stunden am Tag und spürte eines Tages heftige Schmerzen im Arm. Sie hatte sich eine Art Muskelentzündung an der linken Hand zugezogen. Die Hand mußte eingegipst werden. Als der Verband abgenommen wurde, waren die Muskeln erschlafft, und es war ihr unmöglich, schwierige Stücke zu spielen – was ihr der Arzt ohnehin verboten hatte. Die Karriere einer Konzertgeigerin stand dadurch in Frage. So gab sie das Geigenspiel völlig auf.

In jener Zeit las sie besonders viel und begann sich für eine Theaterkarriere zu interessieren. Sie war zwanzig Jahre alt und in keinem Beruf ausgebildet. Der Familie konnte sie auf keinen Fall auf der Tasche liegen. Sie mußte ihren Unterhalt selbst verdienen. Sie zog Bilanz und fand heraus, daß sie über wenig verkäufliche Talente verfügte. Sie besaß eine musikalische Begabung, von der sie keinen Gebrauch mehr machen konnte, eine gute Erziehung, einiges Kunstverständnis, sie war sehr belesen und sprach französisch und englisch. Was war damit anzufangen?

Die Entscheidung Marlenes fiel mehr instinktiv als überlegt. Sie wollte Schauspielerin werden und bewarb sich um ein Vorsprechen bei Reinhardt.

Max Reinhardts Deutsches Theater war damals der Mittelpunkt des Berliner Theaterlebens. Die Schauspielschule Max Reinhardts, geleitet von einem seiner ältesten Mitarbeiter, Berthold Held, befand sich in der Nähe des Deutschen Theaters in der Schumannstraße über den Kammerspielen. Dorthin ging Marlene, um die Welt des Theaters zu erobern. Das war 1921.

# Schwere Zeiten

Marlene mußte mehrere Versuche unternehmen, ehe sie Max Reinhardt zu Gesicht bekam und sich ihm persönlich vorstellen konnte – als Marlene Dietrich. Sie benutzte diesen Namen damals zum erstenmal. In diesem Gespräch teilte sie ihm mit, daß sie zum Theater gehen wolle, und zwar so schnell wie möglich. Reinhardt betrachtete das hübsche, etwas pummelige Mädchen, war nicht unfreundlich, aber auch nicht sonderlich beeindruckt. Er fragte sie, welche Erfahrungen sie aufzuweisen habe. »Keine«, antwortete Marlene wahrheitsgemäß. Reinhardt hatte diese Antwort sicherlich erwartet.
Er bat sie, ihre Adresse zu hinterlassen und verabschiedete sie mit dem üblichen Satz, man würde sehen, was man für sie tun könne.
Marlene war froh. Reinhardt hatte sich mit ihr getroffen, mit ihr gesprochen und, so schien es ihr, gewisse Hoffnungen nicht ausgeschlossen.
Als Marlene ihrer Mutter den Entschluß mitteilte, daß sie zum Theater gehen wolle, war ihre Mutter keineswegs begeistert. Marlene, so gab sie zu bedenken, sei ein junges Mädchen der besseren Gesellschaft – das Theater aber sei ein Sündenbabel; auf keinen Fall werde sie diesem Plan zustimmen. Marlene hatte die Reaktion ihrer Mutter erwartet. Doch inzwischen war sie zwanzig Jahre alt und fest entschlossen, ihren Plan auch gegen den Willen der gestrengen Mutter durchzusetzen. Nach drei Tagen fand sie sich wiederum im Deutschen Theater ein. Es gelang ihr, auf der Treppe mit Reinhardt und zwei seiner Kollegen zusammenzutreffen. Sie fragte ihn, wann sie denn nun anfangen könne, aber diesmal ließ er sie unbeachtet und sagte nur: »Sie sind noch nicht soweit!«
Die Mutter nahm sie ins Gebet: »Warst du heute wieder im Deutschen Theater? Warum eigentlich? Hast du Reinhardt gesehen?« Es war sinnlos zu leugnen. Marlene erklärte ihrer aufgebrachten Mutter, sie habe, um die Familie nicht zu entehren, einen neuen Namen für sich gewählt. »Ein Stückchen Marie und ein Stückchen Magdalene und dann der Name meines Vaters. Ich habe mich bei Reinhardt als Marlene Dietrich vorgestellt.«

Obwohl der Name von Losch nun weiterhin die Chance hatte, preußisch ehrbar und unbeschmutzt zu bleiben, war Frau von Losch nicht bereit, ihren Widerstand aufzugeben. Ohne den Segen der Mutter und deshalb heimlich besuchte Marlene nun die Vorstellungen und Proben. Die Absage Reinhardts hatte sie zwar enttäuscht, aber nicht davon abhalten können, sich an anderen Berliner Theatern zu bewerben. Ihr erstes größeres Engagement erhielt sie als Revuegirl bei einer Tourneetruppe. Der Produzent dieser Revue, Guido Thielscher, hatte offenbar seinen Kennerblick auf ihre wohlgeformten Beine geworfen. Weihnachten 1921 gab sie als Thielscher-Girl ihr Debüt in Hamburg.

Die Mutter ließ sie in dem Glauben, Freunde in Hamburg zu besuchen.

Ihr Auftritt im Hamburg war ein Erfolg. Sie genoß es, dem Publikum zu gefallen, und nahm beglückt die Komplimente über ihre schönen Beine entgegen. Sie war so eifrig bei der Sache, daß die Nachbarin in der Gruppe sich über ihre laute Stimme beklagte. Marlene fiel die alte Köchin ihrer Familie ein, die einmal zu ihr gesagt hatte: »Wenn ich eine Stimme wie die Ihre hätte, Fräulein, würde ich nie im Leben so laut brüllen. Sie haben hübsche Beine, aber Beine können nicht reden. Sie sollten von Ihren Beinen etwas lernen!«

Als die Tournee zu Ende war, kehrte Marlene nach Berlin zurück – in das Berlin der zwanziger Jahre.

Das Berlin der ›Golden Twenties‹ war der Mittelpunkt Deutschlands. Hier traf sich damals die Elite der Intellektuellen und Künstler. Es gab an die fünfzig Bühnen, die sich mit glänzenden und sensationellen Aufführungen gegenseitig überboten. Nachtlokale, Bars, Caféhäuser, Restaurants; alles, was zu einer Großstadt gehörte, existierte in Berlin in stattlicher Zahl. Die Kneipen waren nie verschlossen – es ging rund um die Uhr.

Kabaretts, Kleinkunst- und Tingeltangelbühnen schossen wie Pilze aus dem Boden. Hubert von Meyerinck, Trude Hesterberg, Hans Albers, Werner Finck, um nur einige zu nennen, begannen hier ihre Karriere.

Das Idol Marlenes war damals eine blutjunge Schauspielerin, das zerbrechliche Knabenmädchen Elisabeth Bergner, die in Shakespeare- und Schnitzler-Rollen glänzte. Eine Bühnenkarriere wie die der Bergner – das war das Ziel der Marlene Dietrich. Bestärkt durch ihren Erfolg in Hamburg, versuchte sie es noch einmal an Reinhardts Schauspielschule. Diesmal hatte sie Glück. Sie wurde angenommen.*

Nach einem Jahr war es dann soweit, und Marlene wurde Mitglied der Truppe Reinhardts

Ihre erste Rolle, die einer Witwe, spielte sie unter der Regie von Iwan Schmith in ›Der Widerspenstigen Zähmung‹ im Großen Schauspielhaus. Marlene war überglücklich, obwohl die Rolle sehr klein war und kein Kritiker von ihr Notiz nahm. Aber viel wichtiger für sie war, daß sie in dieser Inszenierung neben ihrem Idol Elisabeth Bergner, die die Katharina spielte, auf der Bühne stand. Gleichzeitig war sie nun auch Studentin an Reinhardts Schauspielschule und entwickelte eine wahre Leidenschaft für die Bühne. Obwohl das Filmgeschäft damals zu blühen begann, interessierte sie sich wenig für dieses Milieu. Sie ging zwar gern ins Kino, begeisterte sich für Emil Jannings, Harry Liedtke, Bruno Kastner, Conradt Veidt und Käthe Dorsch, aber als Medium schien ihr der Film dem Theater unterlegen, ein armseliger Ersatz des Theaters.

Als Schauspielschülerin spielte sie kleine Rollen in Kleist- und Shakespeare-Dramen. Ihr Herz war glücklich, aber ihr Magen leer. Die Gagen bei Reinhardt waren mehr als mager. Um Schauspielerin zu werden, mußte sie für ihren Lebensunterhalt selbst sorgen und von zu Hause fortgehen. Das tat sie nicht nur, weil die Mutter ihren Berufswunsch nicht akzeptierte, sondern um mütterliche Grundsätze, die sie einst zu befolgen gelernt hatte, wieder abzuschütteln. So erklärte sie später: »Meine Mutter hat mir das Schauspielen schwer gemacht. Meine ganze Erziehung zielte darauf ab, Gefühle zu verbergen, und die letzte Ohrfeige meiner Mutter erhielt ich, weil ich es nicht tat. Ich war

---

\* Eine andere Quelle besagt allerdings, daß sie nicht angenommen wurde. Sie hatte aus Hofmannsthals ›Der Tor und der Tod‹ vorgesprochen. Berthold Held, der Leiter der Schule, fand das ganz passabel und hatte nichts dagegen einzuwenden, sie in die Schule aufzunehmen. Doch hatte sie noch die Probe vor Reinhardt zu bestehen. Ihm soll sie Gretchens Gebet an die Jungfrau Maria aus Goethes ›Faust‹ vorgesprochen haben, womit sie bei Reinhardt angeblich keinen Beifall fand und nicht aufgenommen wurde. Allerdings erklärte sich Berthold Held bereit, Marlene und Grete Mosheim Privatunterricht zu erteilen, was sie nach einem Jahr berechtigte, an Reinhardts Bühnen aufzutreten.

in der Tanzstunde und sollte mit jedem Anwesenden tanzen. Es
gab einen jungen Mann, den ich nicht leiden konnte, und ich
machte ein langes Gesicht. Mutter hatte es gesehen, und sobald
wir allein waren, gab sie mir eine schallende Ohrfeige und sagte:
›Wer seine Gefühle zeigt, hat schlechte Manieren!‹« Mit Marlenes Beruf als Schauspielerin war dieser Grundsatz nicht zu ver-
einbaren.

Die meisten Schüler Reinhardts verdienten sich ihr Brot mit
kleinen Rollen beim Film in den UFA-Studios in Babelsberg.
Marlene, für die Film nicht viel mehr war als Hintertreppe und
Schundroman, tröstete sich damit, daß fast alle großen deutschen Bühnenschauspieler, auch die Bergner, nebenbei filmten.
Es war nicht schwer für Marlene, in Babelsberg Arbeit zu finden, denn die deutsche Filmindustrie erlebte damals eine nie da-
gewesene Blütezeit. Ihr Filmdebüt gab Marlene 1922 in der Rolle eines Zimmermädchens in *Der kleine Napoleon* mit dem Un-
tertitel: ›So sind die Männer‹ unter der Regie von Georg Jacoby. Einer der Hauptdarsteller war Harry Liedtke.

Marlene gehörte zwar zu Reinhardts Ensemble, aber sie hatte
kaum etwas zu tun. Ihre Karteikarte lag auch im Besetzungsbü-
ro der UFA, aber ein zweiter Film war noch nicht in Sicht. Das
entmutigte sie jedoch nicht. Täglich saß sie in billigen Cafés,
kämmte die Stellenanzeigen durch auf der Suche nach einer angemessenen Arbeit.

In einem Lokal am Kurfürstendamm lernte sie ein junges Mädchen kennen und gewann ihre erste Freundin – Gerda Huber,
eine angehende Journalistin. Gerda Huber saß an diesem Tag
allein an einem Tisch in dem überfüllten Restaurant. Sie wartete
auf ihr Mittagessen, als eine Stimme hinter ihr fragte: »Darf ich
mich zu Ihnen setzen?« Gerda nickte, Marlene nahm Platz und
bestellte Schweinskotelett und Gemüse. Heißhungrig machte
sie sich darüber her. Gerda sah ihr zu. »Sagen Sie mal«, sagte sie
nach einer Weile zu ihrem Gegenüber, »haben Sie keine Angst,
ungemein fett zu werden, wenn Sie so viel essen?«

Marlene blickte leicht erstaunt von ihrem Teller auf. »Finden
Sie, ich bin zu dick? Wenn ich friere und Sorgen habe, kriege ich
immer einen solchen Bärenhunger. Vielleicht ist das hier meine
letzte gute Mahlzeit für Wochen.«

Gerda, die selbst mit ihren Ersparnissen am Ende und arbeitslos
war, glaubte eine Leidensgenossin gefunden zu haben. »Ich
hab' keinen Pfennig Geld mehr«, teilte Marlene ihr mit. »Ich bin

von zu Hause weggegangen, und ich weiß nicht einmal, wo ich heute nacht schlafen soll.«

Als Gerda nach den näheren Umständen und ihrer Familie fragte, wich Marlene aus. Sie wäre Schauspielerin, sagte sie, und augenblicklich dabei, sich nach oben zu kämpfen. Sie wolle sich allein durchsetzen und deshalb nicht von ihren Eltern sprechen. Gerda schien sie eine praktische, aber auch ungemein romantische Person zu sein.

»Ich muß hier in Berlin einen Job für mich finden«, sagte Marlene und aß mit Appetit einen Apfel. »Ich habe eine recht gute Erziehung genossen und ziemlich viel gelesen. Es wäre eigentlich gelacht, wenn ich nichts Passendes für mich auftreiben könnte.«

Als alles vertilgt war, waren die beiden Mädchen Freundinnen geworden. Gerda schlug Marlene vor, bei ihr in der Pension vorläufig unterzukriechen. Die weichherzige Wirtin, so versicherte sie, würde sicherlich einen Monat Kredit geben.

Als sie das Lokal verließen, sagte Marlene nachdenklich: »Weißt du, das beste wäre, wenn ich einen guten Ehemann finden würde!« Gerda lachte ungläubig. »Doch, doch«, beharrte Marlene, »ich meine das ernst. Es macht mir auch gar nichts aus, wenn er auf einem Bauernhof lebte – mit Enten, Hühnern und Schweinen. Ein Leben auf dem Lande – davon träume ich manchmal.«

Gerda hatte die Gutmütigkeit ihrer Wirtin Trude tatsächlich nicht unterschätzt. Marlene wurde alsbald zu ihrem Liebling, denn sie entpuppte sich als sehr häuslich. Sie half ihr beim Backen und Kochen, hielt ihr Zimmer tadellos in Ordnung, ging selten aus und entwickelte eine leidenschaftliche Zuneigung zu Trudes Katze Puck. Marlene war abergläubisch und der Ansicht, daß Katzen ihr Glück brachten.

Gerda Huber, mit der Marlene ihr Leben lang befreundet blieb, schrieb später über Marlene und ihr ausgeprägtes Qualitätsgefühl. Positiv beurteilte sie Theaterstücke und -inszenierungen oder Filme nur, wenn sie realistisch waren. Stimmten Situationen mit dem wirklichen Leben nicht überein, äußerte Marlene sich ablehnend, fand sie albern und unnatürlich. Das war gleichbedeutend mit minderwertig. Gerda und sie belachten die Posen der gefeierten Vamps auf den Kinoplakaten, die ihnen absurd erschienen.

Eines Tages hatte sich Gerda mit Marlene im Park verabredet, und Gerda wartete am Gitter, als Marlene atemlos und völlig ramponiert herbeigelaufen kam. Sie strahlte Gerda an und erzählte, sie habe mit einer Horde zerlumpter Kinder gespielt. Gerda las ihr die Leviten, aber Marlene nahm nur lachend ihren Arm, winkte den Kindern zu und kaufte sich an der nächsten Ecke heiße Kastanien. Die Zwiespältigkeit ihres Wesens trat schon damals ganz offen zutage. Auf der einen Seite mußte alles so realistisch wie möglich sein, auf der anderen Seite war sie unglaublich abergläubisch.

Eines Abends kauerte sie traurig neben ihrem kleinen Ölofen in ihrem Zimmer. Puck saß auf ihren Knien. Als Gerda eintrat, sagte sie: »Ich fühle es, ich werde nie Erfolg haben. Ich werde keinen Mann kriegen, ich werde nie lernen, Geld zu verdienen. Ich bin zu nichts gut!«

Gerda versuchte sie zu beruhigen und schlug vor, Trude solle ihr aus den Karten lesen. Karten legen, aus Teeblättern oder einer Kristallkugel wahrzusagen, gehörte zu den Passionen der Pensionswirtin. Ansonsten kümmerten sich die Mädchen wenig darum, aber an diesem Abend schien Marlene die Sache ernst zu nehmen.

Trude prophezeite ihr eine abenteuerliche Zukunft, Reisen und Reichtümer. Bei jedem Wort wurde Marlene nervöser und gereizter. »Aber sehen Sie denn nicht, ob ich heirate oder nicht?« fragte sie schließlich.

Trude befragte die Karten und meinte, daß sie zwar heiraten würde, aber diese Heirat für ihr Schicksal wenig Bedeutung haben würde.

»Werde ich Kinder haben?«

»Vielleicht, aber das ist ganz ohne Bedeutung. Sie werden eine steinreiche Frau werden.«

Darüber war Marlene gar nicht erfreut und brach das Kartenlegen ab.

Um diese Zeit gab es noch etwas anderes, das Marlene Kopfzerbrechen bereitete.

»Nicht daß Marlene keine Verehrer gehabt hätte«, erinnerte sich Gerda. »Aber meist waren das ziemlich gewöhnliche Menschen. Es waren Leute, die sie auf der Straße oder in der Straßenbahn angafften. Marlene machte sich nicht viel aus dieser Art Anbetung. Einer jener Verehrer ließ sich von Marlene nicht abweisen. Man muß ihm eines lassen«, sagte Gerda, »er sah etwas, was niemandem sonst zu jener Zeit auffiel: ihre große Schönheit, die sich später wie eine Blume öffnete. Er war ein reicher ältlicher Mann mit Stiernacken, der im Krieg sehr viel Geld verdient hatte.«

Obwohl Gerda ihn abstoßend fand, redete sie Marlene zu, sich mit ihm zu verabreden. Sie glaubte, er könne der Freundin von Nutzen sein. Eines Abends versprach er ihr den Himmel auf Erden. »Ich werde aus dir das süßeste Mädchen Berlins machen. Ich richte dir eine elegante Wohnung ein, du kannst Schmuck und Pelze haben, soviel du willst ...«

Als Marlene an diesem Abend nach Hause kam, schien sie vollkommen mutlos. »Wenn ich wirklich am Verzweifeln bin, wird dieser alte Mann meine Zuflucht werden«, sagte sie bitter lächelnd. »Weißt du, Gerda, ich brauche stabile Lebensumstände.«

Wenig später erfuhr Marlene, daß ihr großzügiger Verehrer nicht nur über ungeahnte Reichtümer verfügte, sondern auch über Weib und Kind. Sie weinte vor Wut und Bitterkeit.

Gerda, die sich bislang mit kleinen journalistischen Arbeiten so recht und schlecht durchgeschlagen hatte, fand nun endlich einen passenden Job. Eine Hannoversche Zeitung bot ihr eine Stelle an. Gerda schwankte anfangs, denn die Arbeit annehmen, bedeutete die Trennung von Marlene. Gerda machte sich Sorgen. Würde sich die Freundin, empfindsam und sanft wie sie war, dem harten Lebenskampf im Berlin der zwanziger Jahre gewachsen zeigen? Aber Marlene wischte die Bedenken der Freundin vom Tisch – nur keine Sentimentalitäten.

Eine Zeitlang schien sich Marlenes Leben in Berlin im gleichen Rhythmus fortzubewegen, so jedenfalls entnahm Gerda es ihren Briefen. Dann aber brach die briefliche Verbindung für mehrere Monate ab. Marlene ließ nichts mehr von sich hören. Wiederum machte sich Gerda Sorgen. Endlich kam ein Brief, der Gerda mehr beunruhigte als das Schweigen.

*Gerda, erinnerst Du Dich noch an mich?* hieß es darin. *Ich studiere noch immer an der Schauspielschule und versuche, meine Karriere auf der Bühne aufzubauen. Doch habe ich wenig Hoffnung, je eine gute Schauspielerin zu werden – ebenso könnte ich versuchen, nach dem Mond zu greifen. Ich glaube, mein Leben ist nicht besser und nicht schlechter als das Leben anderer Menschen, nur ist es nicht das richtige Leben für mich ... Du kannst Dir vorstellen, in welcher Umgebung ich leben muß und mit welchen Leuten ich zusammenkomme. Ich fühle mich so elend, und*

*alles macht mich krank. – Ich habe eine kleine Rolle in einem*
*Stück, das nicht besonders ist. Bei Trude bin ich ausgezogen. Ich*
*habe eine andere Pension in der Nähe des Theaters gefunden.*
*Puck habe ich mitgenommen, und so leben wir immer und immer*
*weiter im gleichen Trott ...*

Das klang sehr nach Resignation, und die vielen Enttäuschun-
gen und Entbehrungen hätten einen anderen Menschen völlig
entmutigt, nicht so Marlene. Um sich über Wasser zu halten,
soll sie, Gerda Huber zufolge, Handschuhe in Kommission verkauft haben, in billigen Kabaretts aufgetreten sein und die Be-
gleitmusik zu Stummfilmen geliefert haben, indem sie Geige
spielte.

# Begegnung mit Rudolf Sieber

Einige Zeit später erschien Marlene in den UFA-Studios, um eine Komparsenrolle in einem großen Kostümfilm zu übernehmen. Bei solchen Anlässen überkam sie immer eine große Schüchternheit. Sie hatte entdeckt, daß sie nicht sonderlich fotogen war. Ihr blondes Haar schien ihr leblos auszusehen, die blaugrauen Augen kamen im Film viel zu blaß, ja fast weiß. (Das lag aber weniger an Marlenes Augen als an der Nicht-Differenziertheit der Grauwerte des damaligen Filmmaterials.)

Im Studio begegnete Marlene der fünfundzwanzigjährige Regieassistent Rudolf Sieber, der ihr gefiel. Er drückte ihr ein Lorgnon in die Hand und sagte: »Sie werden eine alte Herzogin spielen.«

Marlene erinnerte sich später noch genau: »Ich hatte bis dahin nur Erfahrungen mit jungen Herzoginnen, aber nicht mit alten. Dennoch versuchte ich, meine Rolle so gut ich konnte zu spielen. Was dem Regisseur am meisten auffiel, war mein Lorgnon. Er richtete die Kamera darauf, und das bedeutete natürlich, daß er auch mein Gesicht zeigen mußte. Das war immerhin etwas ...« Das Lorgnon sollte als ›Halation‹ verwendet werden, das heißt als ein Lichtpunkt, der von der Kameralinse reflektiert und vergrößert wird. Heute versucht ein Kameramann, Halationen zu vermeiden, aber damals wurde diese Art Spielerei im deutschen Stummfilm gern verwendet.

Rudolf Sieber gefiel der Charme Marlenes, und er glaubte an ihre Begabung. Er war damals auch Aufnahmeleiter und Besetzungschef bei Joe May, der einer der besten und vielbeschäftigsten Regisseure jener Zeit war. Sieber bestellte Marlene zum Vorsprechen für Joe Mays nächsten Film *Tragödie der Liebe*. Joe May und Rudolf Sieber waren sich rasch einig, daß von den jungen Schauspielerinnen, unter anderem auch Grete Mosheim, die sich für die Rolle bewarben, nur Marlene in Frage kam.

Die Rolle, die sie übernehmen sollte, war die einer jungen, schönen Frau, der Freundin eines Staatsanwalts, die in einem Mordprozeß den Richter durch ihr auffälliges Verhalten auf der Zuschauerbank vollkommen aus dem Konzept bringt.

Marlene spielte so ausgezeichnet, gab sich so reizvoll und lasziv, daß sie Erfolg hatte. *Tragödie der Liebe,* gedreht 1922/23, verhalf ihr zwar nicht zum ersehnten Durchbruch als Filmschauspielerin, aber zu ihrer einzigen Ehe.

Mittlerweile war Gerda nach Berlin zurückgekehrt und wußte nicht, wie sie Marlene ausfindig machen konnte. Sie hatte nach jenem traurigen Brief nichts mehr von der Freundin gehört. Eines Abends sah sie sich einen Film mit Gloria Swanson an, dem großen Star des amerikanischen Stummfilms. Als der Film zu Ende war und es im Kino hell wurde, stellte sie fest, daß sie neben Marlene gesessen hatte.

»Gloria Swanson«, sagte Marlene, »das ist eben jemand, der nicht schön ist, aber tausendmal besser als schön!«

Gerda schien es, als sei Marlene reifer geworden. Ihre hohen Backenknochen traten stärker hervor als früher. Sie war schlanker, weiblicher und beweglicher geworden, aber glücklich schien sie nicht zu sein. Als Gerda sie danach fragte, schwieg sie anfangs verbissen. Theoretisch wünschte sie sich immer noch einen Ehemann, aber es gab keinen Mann, der ihr wirklich etwas bedeutet hätte.

»Sag mal, wirst du dich nie verlieben?« fragte Gerda. Marlene lächelte. »Doch«, entgegnete sie, »aber mein Puck ist mir gerade mit einer Katzendame untreu!«

Den nächsten Vertrag erhielt Marlene als Revuegirl. Sie mußte singen, tanzen und leicht bekleidet sein. Beim Publikum kam sie sehr gut an, und ihre schönen Beine waren Anlaß für zahlreiche Komplimente. Als Gerda sie aber eines Nachts nach der Vorstellung in der Garderobe aufsuchte, fand sie Marlene völlig verzweifelt vor. Es sei entsetzlich, jammerte sie, und eine Tortur für sie, wenn das Publikum sie anstarre. Sie könne das nicht länger ertragen und wolle damit aufhören. Aber Vertrag war Vertrag, und von ›einfach aufhören‹ konnte keine Rede sein.

An einem der letzten Abende bot ihr der Manager eines bekannten Show-Unternehmens einen Vertrag an. Marlene war sich nicht schlüssig. Ein mit Pailletten besticktes Tuch eng um sich geschlungen, ging sie unruhig auf und ab. Sie war nervös und wortkarg. Dann straffte sie sich und sah dem Manager fest in die Augen. »Ich bin keine Sängerin und keine Tänzerin, sondern Schauspielerin!«

»Seien Sie doch realistisch«, erwiderte er. »Als Schauspielerin werden Sie weiterhin kleine Rollen spielen, in einer Show aber werden Sie Ihren eigenen Auftritt haben ...«

Aber Marlene hatte nun einen Entschluß gefaßt und ließ sich nicht überreden. Sie lehnte ab und unterschrieb nicht. Froh, den Mann endlich los zu sein, hängte sie sich an den Arm der Freundin und bat sie, mit ihr essen zu gehen.

# Heirat

Gerda machte Marlene einen Abschiedsbesuch, weil sie für vier Monate geschäftlich verreisen mußte, als das Stubenmädchen der Pension mittels Visitenkarte den Besuch von Rudolf Sieber ankündigte. Gerda war erstaunt, denn obwohl sie sich regelmäßig trafen, hatte Marlene ihn nicht erwähnt.

Marlene schien hocherfreut über diesen Besuch, stellte ihn Gerda vor und erzählte die Geschichte vom Lorgnon im UFA-Studio. Sieber berichtete, daß die Filmgesellschaft, für die er arbeitete, einen Film plane und für Marlene eine kleine Rolle vorgesehen habe. Er war überaus bescheiden und rücksichtsvoll. Er blieb nicht lange, aber in der kurzen Zeit registrierte Gerda mit Genugtuung das ungewöhnliche Interesse Marlenes an diesem charmanten jungen Mann.

Als Gerda von ihrer Reise zurückkehrte, überraschte sie Marlene bei den Vorbereitungen zum Abendessen. Der Tisch war für zwei Personen gedeckt.

»Rudolf kommt heute abend«, erklärte Marlene. »Es ist das erste Mal, daß er zum Essen kommt.«

Seit langem hatte Gerda Marlene nicht so fröhlich gesehen, obwohl sie beruflich nicht gerade überbeschäftigt war. Sie hatte eine kleine Filmrolle in Aussicht, an deren Erfolg sie aber nicht glaubte. Nahezu defätistisch äußerte sie sich darüber: »Ich lasse mich so schlecht fotografieren. Wirst schon sehen, ich bin zu fett, und mein Gesicht sieht aus wie eine Kartoffel!« Sie war darüber keineswegs traurig, sondern eher amüsiert. Im Augenblick schien es für sie nichts Wichtigeres als Rudolf Sieber zu geben.

Kurz darauf überfiel sie Gerda mit der Neuigkeit, sie habe zugestimmt, Siebers Frau zu werden. Die Karriere war für sie in den Hintergrund getreten. »Das wird sich finden«, meinte sie leichthin und strahlte. »Alles, was ich weiß, ist das eine: Rudolf Sieber ist der einzige Mann, der mich versteht und mich so nimmt, wie ich bin …«

Marlene und Rudi heirateten am 17. Mai 1924 und mieteten eine große Wohnung in der Kaiserallee 54. Zum Erstaunen von Marlenes Freunden war ihr beruflicher Ehrgeiz wie weggeblasen. Was sie wirklich beschäftigte, war ihr häusliches Glück.

Zu jener Zeit lernte sie den Regisseur Alexander Korda kennen. Sein üppiger Film *Samson und Delilah,* den er 1922 in Österreich gedreht hatte, fand großen Beifall. E. A. Duponts *Varieté* wurde gerade gestartet und brachte volle Kinokassen. Marlene bekam damals wichtige berufliche Kontakte, denn man sah sie mit Sieber überall dort, wo sich die gesamte Theater- und Filmwelt traf.

Viktor Skutezsky, der damals als Produktionsassistent bei der UFA beschäftigt war, machte ihre Bekanntschaft in einem Nachtlokal. »Dieses hübsche blonde Mädchen gefiel mir«, erzählte er später. »Zuerst fiel mein Blick auf ihre wunderschönen Beine. Ich wendete mich zu Dupont und bemerkte, daß er sie bereits mit Blicken fast verschlang und sie offenbar kannte. Ich fragte ihn, wer sie sei, und er sagte, sie hieße Marlene Dietrich und habe bereits kleine Rollen bei der UFA gespielt.«

Skutezsky behielt Namen und Beine im Gedächtnis. Als er kurze Zeit darauf an dem UFA-Film *Männer vor der Ehe* arbeitete, benötigte er ein Mädchen mit besonders schönen und langen Beinen. Er wendete sich an Marlene und bestellte sie in sein Büro. Nachdem er ihr die Rolle erklärt hatte, verlangte sie für fünf Drehtage ungerührt zweihundert Mark. Das war Skutezsky zuviel Geld, denn schließlich sollte sie nur ihre Beine zeigen. Sie konnten sich nicht einigen, und Marlene lehnte dankend ab.

Mehr als zwanzig Jahre später, Skutezsky hatte sich in England längst einen Namen gemacht, bot er Marlene zum zweitenmal eine Rolle an. Diesmal handelte es sich um die Hauptrolle in seinem Film *Temptation Harbour* von Georges Simenon. Das war kurz nach dem Zweiten Weltkrieg.

»Ich bot ihr unendlich viel mehr als vierzig Mark pro Drehtag an«, erinnerte er sich, »aber Marlene lehnte ab. Simone Simon übernahm dann die Rolle. Man kann von mir wirklich nicht behaupten, daß ich sie entdeckt habe. Ich hatte bei ihr einfach kein Glück.

# Familie und Beruf

Im Januar 1925 brachte Marlene ihre Tochter Maria zur Welt, die sie in den ersten Jahren zärtlich Heidede nannte. Sie liebte das Mädchen abgöttisch und war ihm eine ergebene und aufmerksame Mutter. Die Zeit nach der Geburt ihrer Tochter hat sie einmal als »die glücklichste meines Lebens« bezeichnet. Sie wollte damals ausschließlich Mutter sein, und die Schauspielerei war ihr ziemlich gleichgültig. (Es soll damals ein Film entstanden sein, den ihr Mann über sie und ihre Tochter gedreht hat, mit dem Titel: *Die glückliche Mutter,* was Marlene allerdings in einem Interview, das sie am 3. Mai 1977 einem Journalisten in Paris gab, verneinte.)

Doch bald wendete sich das Blatt. Zunächst reichte die Gage Rudolfs für die kleine Familie, doch als Sieber die MAY-Film verließ und freiberuflich als Aufnahmeleiter für andere Firmen arbeitete, schien sich eine Ebbe in der Haushaltskasse anzubahnen. So hatte es eher wirtschaftliche Ursachen, daß Marlene sich wieder mehr und mehr für die Theater- und Filmarbeit interessierte.

Nach diesem ›häuslichen Zwischenspiel‹ pendelte Marlene zwischen den UFA-Studios und den Reinhardt-Bühnen hin und her.

Unter der Regie von Viktor Barnowsky spielte sie in *Zurück zu Methusalem* von George Bernard Shaw und in der Komödie *Duell am Lido,* die von Leopold Jessner inszeniert wurde. Als Theaterschauspielerin hatte sich Marlene an den Theatern rund um den Kurfürstendamm einen Namen gemacht. Die Rolle der Eva in *Zurück zu Methusalem* brachte ihr hervorragende Kritiken. Willi Forst, mit dem Marlene gut befreundet war, war auf Marlene in dieser Rolle ganz besonders stolz.

1927 erhielt sie das Angebot, die Rolle des Tanzgirls Rubie in dem amerikanischen Musical *Broadway* zu übernehmen. *Broadway* war 1926 am Broadhurst Theatre in New York und in London am Strand Theatre vom Publikum begeistert aufgenommen worden. Alle jungen Schauspielerinnen, die singen und tanzen konnten, waren wild darauf, in diesem Stück mitzuspielen. Marlene hätte diese Rolle wahrscheinlich auch ange-

*Marlene Dietrich am Flügel und Reinhold Schünzel in ›Der Juxbaron‹, 1927. Im Hintergrund (von links): Colette Brettl, Julie Serda, Henry Bender, Teddy Bill.*

nommen, wenn man von ihr verlangt hätte, chinesisch zu sprechen oder auf Händen zu laufen. In *Broadway* handelte es sich um eine Gangstergeschichte, die sich vor dem Hintergrund der verruchten Atmosphäre New Yorker Nightclubs abspielte. Marlene spielte ein Gangsterflittchen, dessen Geliebter erschossen wird und dessen Tod sie rächt. Es war eine dankbare Rolle mit dramatischen Szenen, Tanz- und Gesangsnummern. Die Tanzgruppe, zu der außer Marlene Ruth Albu, Elisabeth Lennartz, Clara Guyl und Marianne Kupfer gehörten, wurde von den Berliner Kritikern enthusiastisch gelobt.

Marlene war damals unglaublich sexy und verdrehte den Männern buchstäblich die Köpfe. Stand sie nicht auf der Bühne oder

*Marlene Dietrich (ganz links) mit Harry Piel in ›Sein größter Bluff‹, 1927
mit Vicky Werkmeister und Partnerinnen.*

kümmerte sich nicht gerade um ihre Familie, trainierte sie ihren
Körper. Mit ihrer Kollegin Elisabeth Lennartz nahm sie bei dem
Türken Sabri Mahir, der Berufsboxer trainierte, Boxunterricht
– und wurde deswegen von den anderen Kollegen für verrückt
erklärt.
Ab 1925 war Marlene wieder in zahlreichen Filmen zu sehen.
Unter der Regie von Arthur Robison spielte sie eine größere
Rolle in *Manon Lescaut.* Der Regisseur Alexander Korda setzte
sie ein in *Eine Dubarry von heute* und *Madame wünscht keine
Kinder* als Partnerin von Harry Liedtke. Weitere Filme folgten:
*Kopf hoch Charly, Der Juxbaron* und *Sein größter Bluff* unter
der Regie von Harry Piel.

*In ›Prinzessin Olala‹, 1928, gibt Marlene Dietrich (links) als Kokotte An-*
*schauungsunterricht in Sachen Liebe.*

Sechs Monate bevor *Broadway* in Berlin aufgeführt wurde, inszenierte Franz Wenzler *Broadway* in Wien, wo Marlene in der
Rolle der Rubie erstmalig so großen Erfolg hatte, daß Eugen
Robert Marlene auch in Berlin mit dieser Rolle betraute. Während der Wiener Aufführung von *Broadway* drehte Marlene
1927 mit Willi Forst, mit dem man ihr eine stürmische Romanze
nachsagte, den Film *Café Electric,* der in Deutschland unter
dem Titel *Wenn ein Weib den Weg verliert* gezeigt wurde. Marlene spielte ein verderbtes Haustöchterchen und Willi Forst einen
Mörder und Zuhälter.
Der Erfolg in Wien und Berlin im Film und auf der Bühne
brachte ihr gleich nach *Broadway* eine neue Rolle in der Revue
*Es liegt in der Luft* von Marcellus Schiffer. Die Musik schrieb

Mischa Spoliansky. Bei dieser Revue in 24 Bildern handelte es sich um »ein Spiel im Warenhaus«. Der Regisseur Robert Land sah sie in dieser Revue und setzte alles daran, sie in seinem Film *Prinzessin Olala* einzusetzen, aber Marlene zeigte kein sehr großes Interesse für die Filmarbeit, weil sie keinen Geldmangel litt, und nur der konnte die Arbeit beim Film rechtfertigen. Land blieb ihr aber auf den Fersen, und schließlich stimmte Marlene zu, die Rolle zu übernehmen.

Die Vorlage zu diesem Film *Prinzessin Olala* lieferte die beliebte Operette von Jean Gilbert.

Marlene wurde in ihren frühen Filmen stets eine ganz bestimmte Rolle zugewiesen. Sie spielte entweder eine Lebedame oder ein leichtes Mädchen. Tatsächlich behielt sie diese Rollen auch im weiteren Verlauf ihrer Karriere bei. In *Prinzessin Olala* spielte Marlene die Lebedame Chichotte, bei der der unbescholtene Prinz, gespielt von Walter Rilla, Unterricht in Sachen Liebe

*Marlene Dietrich und Harry Liedtke in ›Ich küsse Ihre Hand, Madam‹, 1929.*

33

nehmen soll, um fähig zu einer Heirat mit der Prinzessin Xenia zu werden. Die Kritiker waren begeistert von Marlene. Axel Eggebrecht schrieb damals: »In *Prinzessin Olala ...,* einem sonst nicht sehr wesentlichen Operettenfilm, hat Regisseur Land das Verdienst, endlich Marlene Dietrich zu ihrem ersten Filmerfolg zu verhelfen. Da sind Garbo-Augen, eine Swanson-Nase, Bewegungen von einer selbstverständlichen erotischen Spannung und Fülle, wie wir sie sonst resigniert an manchen Amerikanerinnen bewundern. Eine ganze Generation leerlaufender Verführungsdamen kann durch diese Schauspielerin entthront werden, wenn sie in die Hände kluger, unängstlicher Regisseure kommt ...«

Robert Land hatte den richtigen Riecher gehabt, und Marlene war froh darüber, von ihm die nächste Rolle in seinem Film *Ich küsse Ihre Hand, Madame* angeboten zu bekommen. Ihr Parter war Harry Liedtke, der Filmliebhaber Nummer eins jener Zeit.*

Marlenes Können wurde von den Kritikern gelobt. Der Hamburger Anzeiger schrieb: › ... Und dann, was den Film endgültig und unwiderruflich pikant macht: Er präsentiert einen neuen Frauentyp, eine Mittelblondine mit etwas müdem Augenlid und schönem Frauenmund: Marlene Dietrich. Sie ist schlechthin Madame, der die Hand geküßt wird. Ihr Format ist nicht übel, wenn sie, trotz des matten Augenaufschlags, Rache schmecken läßt. Erotik und doch Stil haben, Madame sein und doch durchbrennen können, das ist der neue Typ, wenn man Robert Land glauben darf ...‹

Gleich darauf drehte sie ihren dritten wichtigen Film unter der Regie von Kurt Bernhardt, *Die Frau, nach der man sich sehnt.* Ihre Partner waren Fritz Kortner und Frida Richard. Unter dem Titel *Three Loves* lief der Film Anfang der dreißiger Jahre sechs Wochen am New Yorker Playhouse.

Danach spielte sie 1929 in *Das Schiff der verlorenen Menschen*

---

* Als Sonderattraktion wurde ihm in diesem Film eine kurze Szene mit Tonaufnahme eingebaut, in der er den Schlager ›Ich küsse Ihre Hand, Madame‹ zum besten gab. Seine Fans wurden fast verrückt vor Begeisterung, denn ihr Harry sang genauso hinreißend wie Richard Tauber. Aber dann kam's heraus. Man nahm übel, als man erfuhr, daß Harry Liedtke seinen Mund nur auf- und zugemacht hatte, der Gesang aber aus der Kehle von Richard Tauber stammte.

die weibliche Hauptrolle neben Fritz Kortner und Gaston Modot. Regie führte Maurice Tourneur. Tourneur hatte schon mit
Mary Pickford gedreht in Hollywood und sich mit seiner Regiearbeit einen Namen gemacht.

Zwischen den Jahren 1923 und 1930 drehte Marlene siebzehn
Filme. Trotzdem behauptete sie, daß sie im Film »ein Nichts gewesen« wäre.

Sie war überzeugt, daß das an ihrer nach oben strebenden Nasenspitze lag, an ihrer ›Entennase‹, die die Kameramänner be-
mängelten. Doch trotz Entennase war Ende der zwanziger Jahre aus Marlene eine sehr bekannte und begehrte Schauspielerin
geworden, außerdem eine glückliche junge Frau, die ihren
Mann liebte und ihre Tochter vergötterte. Sie hatte Geld, besaß

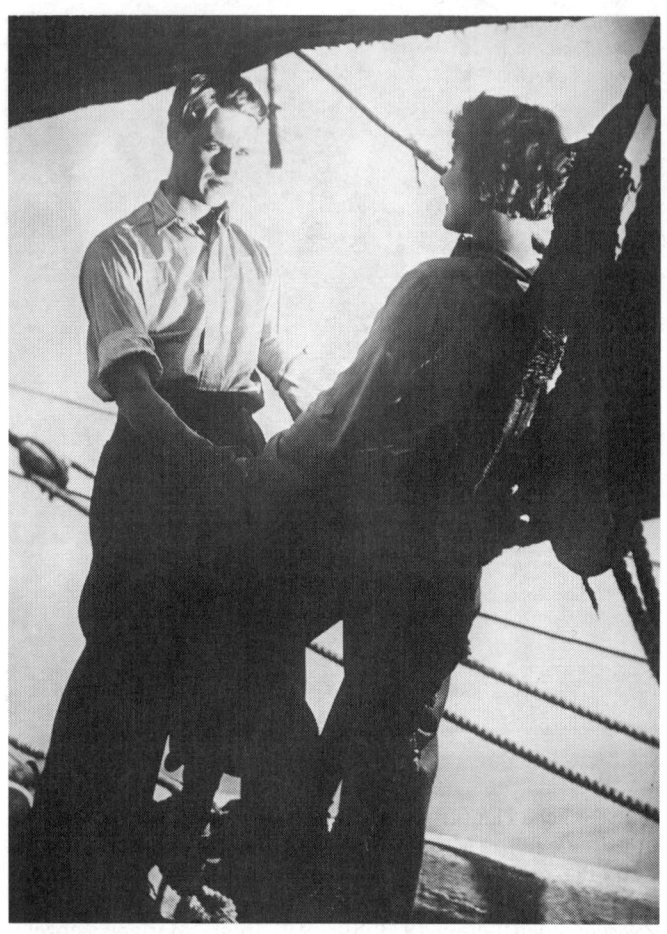

*Marlene Dietrich spielte in ›Das Schiff der verlorenen Menschen‹, 1929, die weibliche Hauptrolle neben Fritz Kortner und Gaston Mardot.*

viele gute Freunde und genoß ein abwechslungsreiches Gesell-
schaftsleben.
1929 blickte sie keinesfalls mehr ängstlich in die Zukunft, denn
das ›hier und jetzt‹ schien viel zu glücklich.

# Theatererfolge in Berlin

Die Berliner Kritiker zogen damals Marlenes Talent nicht in Zweifel. Doch nicht jeder war bereit, Marlenes Begabung mit der der Bergner auf eine Stufe zu stellen. Sie war damals stadtbekannt für ihre maßgeschneiderten Herrenanzüge, berühmt für ihre atemberaubenden Beine und berüchtigt für ihren Sexappeal. Sie versetzte damit nicht nur die Herren in Erregung, sondern brachte auch die Sinne mancher Damen durcheinander.

Einer der einfallsreichsten Theatermänner war Viktor Barnowsky, dessen Theaterarbeit in Wien in einem Atemzug mit der Reinhardts in Berlin genannt wurde. Er erinnerte sich Jahre später an die Dietrich jener Tage: »Marlene Dietrich hatte das Zeug zu einer guten Schauspielerin. Sie war über die Maßen schön – allzu schön, schien es mir. ›Schön war ich auch, und das war mein Verderben‹, sagt Gretchen im Faust. Viele Theaterleute in Berlin vertraten die Ansicht, daß außerordentliche Schönheit und erstklassige schauspielerische Begabung niemals zusammengingen, und damals schien es, als ob sich Marlenes Schönheit als Nachteil erweisen würde.

Als ich Marlene kennenlernte, war sie sehr jung, blendend frisch, elegant, außergewöhnlich hübsch, und sie hatte einen Anflug von ›Feenhaftigkeit‹, der sie leicht geheimnisvoll machte. Aber es fehlte ihr an Selbstvertrauen, und sie schien sich ihrer vielen Reize nicht bewußt zu sein – außer vielleicht ihrer Beine. Die Bewunderung, die sie in Restaurants und auf der Straße erregte, verlieh ihr ein gewisses Selbstbewußtsein. Sie war auch eine sehr gut erzogene junge Dame und liebte Musik leidenschaftlich – eine Leidenschaft, die für ihre Persönlichkeit so wesentlich war wie ihre Sehnsucht, tragische Rollen zu spielen.

Ich sehe sie jetzt noch in einem kupferfarbenen Seidenkleid an der Wand meines Büros lehnen, wo sie mir aus einem sentimentalen Stück vorsprach, dessen Titel ich vergessen habe. Es war ein fesselnder Anblick – aber konnte sie von ihrer eigenen Wirkung etwas wissen?

In verhältnismäßig kurzer Zeit war sie jedoch verwandelt. Ich weiß nicht, ob sie auf eine neue und fremde Umgebung dynamisch reagierte, oder ob sie eine grundlegende innere Entwicklung durchmachte. Was der Grund auch gewesen sein mag, sie wurde der Prototyp der ›diabolischen Frau‹. Ich erinnere mich, daß ich sie auf einem fröhlichen Kostümball traf. Schöner denn je, eindrucksvoller als ein Porträt von Toulouse-Lautrec, bewegte sie sich anmutig zwischen Tanzpaaren ...

Als sie mir zum erstenmal vorsprach, hatte sie Erfolg, und als sie für *Zurück zu Methusalem* zu proben begann, warf sie sich mit Leib und Seele in die Arbeit. Trotzdem schien ihr leider das innere Feuer zu fehlen, das ihre körperlichen Reize hätte ergänzen müssen. Sie stand im scharfen Gegensatz zu Elisabeth Bergner, die als Anfängerin scheinbar körperliche Hilflosigkeit entfaltete und doch über etwas Endgültiges, etwas Geheimnisvolles zu verfügen schien. Eines Tages sprach ich mit der Bergner über die Dietrich und rühmte ihre Schönheit. Die Bergner stimmte wärmstens bei, aber dann fragte sie mit einem kleinen Augenblinzeln und leicht spöttischer Besorgnis, ob ich nicht fände, daß sie ein klein wenig zu schön sei.

Ich antwortete mit einer Zeile aus ›Romeo und Julia‹: »Ach, deine Augen drohn mit mehr Gefahr als zwanzig ihrer Schwerter ...« Und die Bergner sagte: »Wenn ich so schön wäre wie die Dietrich, wüßte ich mit meinem Talent nichts anzufangen.«

Dann, im Jahre 1936 – Marlene Dietrich war ›die Dietrich‹, der internationale Showstar geworden –, sagte Barnowsky über sie: »Mit Marlene Dietrich hat das Theater ein Juwel verloren. Ein Juwel, dessen natürliche Fassung der Film ist. Ganz Kind ihrer Zeit, ist Marlene Dietrich zum Image geworden, zum Modell und Symbol der verlockenden Frau – dem Vamp, der ›femme fatale‹ oder wie immer man es nennen will. Die Garbo dagegen ist das Symbol der duldenden Frauengestalten, auch sie inspiriert den Mann mit ihrer göttlichen oder teuflischen Schönheit. Die Bergner dagegen ist das ideale moderne Mädchen. Man kann sie nicht greifen, und sie ist so geheimnisvoll, daß sie sich jeder Definition entzieht. Vielleicht ist Marlene der Frauentyp von morgen ...«

1929 drehte Marlene unter der Regie von Fred Sauer den Film *Liebesnächte,* der unter dem Titel *Gefahren der Brautzeit* in die Kinos kam. Ihr Partner war Willi Forst. Lotte H. Eisner schrieb im Juli 1930 in ihrer Kritik: › ... Marlene Dietrich, die jetzt nach Hollywood Fortengagierte, reizvoll in ihrer Mischung von geheimnisvollem Tun und seltsamer Passivität, das schöne Gesicht

*Marlene Dietrich 1929.*  *Marlene Dietrich 1929.*

von Trauer überschattet. Mit besonderer Liebe von Laszlo Schäffer aufgenommen ... Das Publikum spendet dem sorgsam gemachten Film viel Beifall ...‹

Wieder kamen ihr Gesicht, ihre gute Figur und die göttlichen Beine hervorragend zur Geltung. Wie mochte sie sich damals gefühlt haben? Wurde sie immer noch wie früher von Zweifeln und Ängsten heimgesucht, wenn es um ihr Ichgefühl ging? Walter Rilla, ihr Partner aus *Prinzessin Olala,* erinnert sich an folgenden Zwischenfall: »Marlene stand mit zwei oder drei anderen Schauspielern zusammen und wartete auf ihren Einsatz. Neben Marlene wirkten drei junge und ausgesucht schöne Mädchen in jenem Film mit. Die Unterhaltung drehte sich um die Reize der jungen Kolleginnen. Plötzlich hob Marlene ihren Rock über's Knie und rief: ›Hab' ich nicht schöne Beine?!‹«

Als Marlene gerade den Film *Gefahren der Brautzeit* drehte, bereitete Reinhardt für die Bühne Somerset Maughams ›Home and Beauty‹ vor. Den musikalischen Teil der Inszenierung übertrug er dem jungen Komponisten Mischa Spoliansky. Die Vertonung des Stücks nannte er ›Viktoria‹. Reinhardts Inszenierung und Spolianskys musikalische Bearbeitung dieser Gesellschaftskomödie führten zu einem großen Erfolg. Herbert Ihering, der gefürchtetste Theaterkritiker, schrieb 1926: ›Die Meisterschaft Reinhardts ist auf ihrer Höhe. Auf ihrer gefährlichen Höhe. Seine ›Farce‹ dauert dreieinhalb Stunden. Aber selbst diesen Mangel, dieses fehlende Gefühl für richtige Maße, für richtige Zeiten kann Reinhardt überwinden: durch die Vollkommenheit der Einlagen ...‹ Gemeint waren die tänzerischen Einlagen mit der Musik von Spoliansky.

Die gute Zusammenarbeit mit Mischa Spoliansky regte Reinhardt an zu einer weiteren Musical-Inszenierung. Es handelte sich um jene Revue *Es liegt in der Luft.*

Marlene hatte Spoliansky kurz nach ihrer Heirat mit Rudolf Sieber kennengelernt. Damals war der junge Komponist gerade dabei, sich im Kabarett einen Namen zu machen. Marlene und Sieber trafen ihn zum erstenmal im Boston Club, wo er einige neue Foxtrotts zum besten gab. Marlene stellte sich ihm damals vor und sagte ihm, wie sehr ihr seine Musik gefallen habe. Während der Proben für *Es liegt in der Luft* begann ihre innige Freundschaft, die ein Leben lang halten sollte. Spoliansky hatte ein Duett für zwei Mädchen geschrieben. Marlene und der bekannte Revuestar Margo Lion spielten diesen Part so hervorragend, daß die Nummer zum Hit der Revue wurde. Die Revue lief monatelang in der Berliner Komödie. Marlene hatte glänzende Kritiken. Über Nacht waren Marlene Dietrich und Margo Lion die Lieblinge von Berlin geworden.

Nach ihrem Abstecher ins Revuetheater spielte sie zwei klassische Rollen: in *Mesalliance* (*Eltern und Kinder*) von Shaw unter der Regie von Heinz Hilpert und in *Der Marquis von Keith* von Wedekind, inszeniert von Leopold Jessner. Marlene war damals, Anfang 1929, ohne Unterbrechung beim Film und Theater beschäftigt.

Im Sommer plante das Berliner Theater eine satirische Revue in neun Bildern: *Zwei Krawatten.* Das Buch und die Songs schrieb der Dramatiker Georg Kaiser, die Musik Mischa Spoliansky. Spoliansky empfahl Marlene für die Rolle der habgierigen amerikanischen Millionenerbin Mabel. Diese Revue bot für Marlene vielfältige Möglichkeiten. Ihre Partner waren Hans Albers und Rosa Valetti, mit der sie schon in *Broadway* auf der Bühne gestanden hatte. Marlene war in ihrer Rolle brillant und die Kritiker dementsprechend begeistert.

Eines Abends saß ein Mann im Zuschauerraum, der unter den Darstellern große Unruhe verbreitete. Er hatte scharfe Züge

*Die ›Gefahren der Brautzeit‹, 1929, entstehen durch einen Eisenbahnun-
fall der einen Baron (Willi Forst, mit Hut; auf der Treppe Ernst Stahl-
Nachbaur) dazu zwingt, mit einem ihm bis dahin unbekannten, jungen
Mädchen (Marlene Dietrich) eine Nacht zu verbringen.*

und einen mephistophelischen Schnauzbart. Es war der amerikanische Regisseur Josef von Sternberg. Er hatte besondere
Gründe, die Revue zu sehen. Er hatte von Marlene Dietrich gehört und war auf der Suche nach einem bestimmten Star, den zu
finden er schon beinahe aufgegeben hatte.

# Die Geburt des Blauen Engels

Josef von Sternberg sollte im Leben Marlenes noch eine sehr bedeutende Rolle spielen.

Er war, als er nach Berlin kam, 35 Jahre alt. Er stammte aus einer Wiener jüdisch-orthodoxen Familie, die, als er vierzehn Jahre alt war, nach Amerika auswanderte.

Zunächst arbeitete er als Filmcutter in New York, denn damals war Hollywood noch nicht das Zentrum der amerikanischen Filmindustrie.

Zehn Jahre später, als er sich auf alle mögliche Art und Weise beim Film betätigt und profiliert hatte, gelang es ihm, tausend Dollar zusammenzukratzen und selbständig einen Film zu drehen.

*The Salvation Hunters* – die Geschichte einer Kleinstadt und ihrer Glücksritter – brachte er 1925 auf den Markt und erhielt dafür glänzende Kritiken.

Einflußreiche Leute wurden auf ihn aufmerksam, beispielsweise Charlie Chaplin.

Die Hauptdarstellerin von *The Salvation Hunters,* Georgia Hale, engagierte Chaplin für seinen Film *The Gold Rush* (*Goldrausch*, 1925). Chaplin war begeistert von Sternberg und beschloß, einen Film mit Sternberg zu produzieren. Sternberg führte Regie. Es handelte sich um den Film *The Sea Gull.* Aus unerfindlichen Gründen ließ Chaplin dieses Werk in seinem Archiv verschwinden, was Sternberg zu der Bemerkung veranlaßte, daß er diesen Film seinen Erfahrungen zuschrieb und Chaplin offensichtlich seiner Steuer.

Mary Pickford heuerte Sternberg an, für sie ein Drehbuch zu schreiben. Aber sie entzweiten sich und ließen dieses Projekt fallen.

Sternberg war kompliziert und kein beliebter Kollege. Sein Drang nach Unabhängigkeit und seine dominante Persönlichkeit brachten ihm viel Ärger mit den Produzenten ein. Erst 1927 brachte er Filme heraus, die die Kritiker und Filmbosse in gleicher Weise wieder für ihn einnahmen. Sternberg drehte den ersten großen Gangsterfilm *Underworld* (1927) und den aufsehenerregenden Film *The Docks of New York* (1928). Mit Emil

Jannings in der Hauptrolle hatte er den Film gedreht *The Last Command* (*Der letzte Befehl*, 1928). Nach Beendigung dieses Films kehrte Jannings nach Berlin zurück. Auf sein Drängen lud UFA-Chef Erich Pommer Sternberg nach Berlin ein. Jannings wollte seinen ersten Tonfilm unter der Regie von Sternberg spielen. Es handelte sich um einen Rasputin-Film. Sternberg ging zwar auf diese Einladung ein, an dem Filmstoff aber war er nicht interessiert. Schließlich einigte man sich auf Heinrich Manns Roman ›Professor Unrat‹. Manns Roman war eine einzige Attacke gegen das korrupte und heuchlerische deutsche Kleinbürgertum.

Die UFA befand sich damals im Besitz des erzkonservativen deutschnationalen Industriellen Hugenberg, dem dieser Stoff sicherlich nicht behagte. Der Roman wurde zu einem Filmstoff umgearbeitet, der mit dem ursprünglichen Werk freilich nur noch wenig zu tun hatte. Der Lehrer Professor Rath verliebt sich in die Tingeltangeltänzerin Lola-Lola. Er wird ihretwegen von der Schule gejagt, folgt ihr und tritt in ihrer Truppe als Clown auf. Lola-Lola ruiniert ihn. Menschlich und gesellschaftlich gedemütigt, stirbt er einsam in seinem Klassenzimmer. Kurzum: die Tragödie eines sexuell abhängigen Menschen, der an seiner Leidenschaft zugrunde geht.

Die Besetzung der männlichen Hauptrolle stand fest: Emil Jannings, der prominente Schauspieler, der gerade erfolgreich aus Hollywood zurückgekehrt war und als Professor Rath seine erste deutsche Tonfilmrolle spielen sollte. Aber wer sollte die Lola-Lola übernehmen? Trude Hesterberg, Lucie Mannheim und Brigitte Helm wurden Sternberg vorgeschlagen und kamen in die engere Wahl. Aber für keine der reizvollen Damen konnte er sich entscheiden. Keine von ihnen hatten das ›Ewig-Weibliche‹, das er suchte. Beim Durchblättern des Besetzungskatalogs stieß er auf das ›flache und uninteressante Bild eines Fräulein Dietrich‹. Sein Assistent, nach seiner Meinung befragt, bemerkte achselzuckend: »Der Popo ist nicht schlecht, aber brauchen wir nicht auch ein Gesicht?« Sechs Wochen waren bereits vergangen, aber Sternberg hatte noch immer keine Lola-Lola finden können.

Eines Abends sah er sich die Revue *Zwei Krawatten* an. Ihn interessierte Hans Albers, der für die Rolle des Mazeppa im *Blauen Engel* vorgeschlagen worden war. Er sah Albers und war mit der Besetzung einverstanden. Dann fiel sein Gesicht auf die junge Frau, die zwar nicht besonders schlank war, sich aber vollendet zu bewegen wußte. Er war von ihr fasziniert.*

Sternberg war sicher, in Marlene seinen Star gefunden zu haben. Nach der Vorstellung erschien er in Marlenes Garderobe und stellte sich vor. Er erklärte ihr die Geschichte und skizzierte die Rolle der Lola-Lola. Nur sie, so sagte er, könne diese Frau glaubhaft darstellen. Marlene hatte ihre Zweifel. Sie gestand ihm, sie sei nicht fotogen und besitze zum Filmen kein wirkliches Talent – sie traue sich diese Rolle einfach nicht zu. »Sie müssen einfach spielen«, erwiderte Sternberg und verabschiedete sich.

Am nächsten Morgen rief er sie an und bat sie, ein frivoles Lied zu lernen, um es ihm vorzutragen. Marlene lernte zwar das Lied nicht, kam aber zu dem vereinbarten Termin zu ihm ins Büro. Ihr war etwas mulmig zumute, und sie war von diesem Rollenangebot nicht gerade begeistert. Ein Fräulein von Losch in dieser Nuttenrolle – ihre Familie würde nicht erfreut darüber sein. Sie warnte den hohen Meister noch einmal: »Nehmen Sie mich lieber nicht. In Filmen bin ich entsetzlich.« (Die Entennase! Sternbergs geniale Idee vom dunklen Schminkstrich auf dem Nasenrücken befreite sie alsbald vom Entennasentrauma). Auch UFA-Chef Erich Pommer soll entsetzt aufgeschrien haben: »Nicht diese Hure!«, und Jannings fand sie ebenfalls viel zu ordinär.

Sternberg ließ sich aber nicht beirren. In seinem Büro bat er Marlene, ein paar Schritte zu gehen. So »trottete sie durch den Raum, als ob sie weder hören noch sehen könne, so daß ich fürchtete, sie würde jeden Augenblick ins Mobiliar rennen«, erinnerte er sich. Sternberg machte Probeaufnahmen und verlangte eine Gesangsprobe. Marlene sang eines ihrer amerikanischen Lieder, ›Du bist die Sahne in meinem Kaffee ...‹ Sternberg war von der Richtigkeit seiner Wahl restlos überzeugt, denn Marlene entsprach genau seiner Vorstellung vom ›weiblichen Urbild‹. – Ein paar Tage später unterschrieb Marlene den Vertrag, und die Arbeit am *Blauen Engel* konnte beginnen.

---

* Albers war damals zu Ohren gekommen, daß Sternberg seinetwegen in die Vorstellung gekommen war, und er erinnerte sich: »Dieser Kerl, der meinetwegen ins Theater gekommen war, starrte nur auf die Beine der Marlene. Ich wollte ihm schon von der Bühne her auf den Kopf pissen.«

*Hans Albers in der Rolle des Mazeppa mit Marlene Dietrich in ›Der blaue Engel‹, 1930.*

*Der blaue Engel* wurde zu einem Meilenstein in der Filmgeschichte. Mit ihm begann der Mythos Marlene Dietrich. Sternberg arbeitete wie ein Besessener, um aus Marlene eine Lola-Lola zu machen, den Inbegriff einer ›femme fatale‹. Regisseur und Star arbeiteten aufs engste zusammen. Es war deutlich

*Emil Jannings als Professor Immanuel Rath und Marlene Dietrich in ›Der blaue Engel‹, 1930.*

spürbar, welches unbegrenzte Vertrauen und welche Hochachtung die Dietrich für Sternbergs künstlerische Fähigkeiten hegte. Sie unterwarf sich vollständig seinem Willen, aus ihrem Glauben an seine Kreativität.

Jannings war über die Entwicklung der Arbeit nicht sehr glücklich. Schließlich war es sein erster Tonfilm, aber die erste Geige spielte er hier offenbar nicht. Zeitweise zeigte er sich geradezu eifersüchtig, zollte man doch Marlene ein ungewohntes Maß an Aufmerksamkeit. Er hat damals wohl tatsächlich gelitten. Es war das erstemal, daß ein berühmter Hollyood-Regisseur bei der UFA Regie führte. Tagtäglich erschienen Gäste im Atelier. Zu den Dreharbeiten kam auch Heinrich Mann, der eigentlich verärgert war, weil seine Freundin Trude Hesterberg die Rolle der Lola nicht spielen durfte. Es ergab sich, daß sich Jannings mit Heinrich Mann einige fertige Filmszenen ansah. Lobheischend erwartete Jannings einen Kommentar des Dichters. Heinrich Mann aber sagte: »Herr Jannings, den Erfolg dieses Films werden in erster Linie die nackten Oberschenkel der Frau Dietrich machen!« Jannings soll vor Wut geschäumt haben, so will es jedenfalls die Legende. Wenig später wurde die Szene gedreht, in der Professor Rath Lola-Lola angreift und versucht, sie zu erwürgen. Jannings großes Talent, Leidenschaft realistisch

*Marlene Dietrich als Lola-Lola in ›Der blaue Engel‹, 1930.*

darzustellen, beschrieb Marlene später so: »Jannings, schien mir, wollte mich allen Ernstes erwürgen. Tagelang war mein Hals von blauen Flecken entstellt ...«

Sternberg war damals fest entschlossen, Marlene einen Hollywood-Vertrag zu verschaffen, denn er war überzeugt, daß er die Entdeckung seines Lebens gemacht hatte. Er schickte begeisterte Telegramme an den Chef der Paramount, B. P. Schulberg, und beschwor ihn, Marlene unter Vertrag zu nehmen. Aber noch war Schulberg von der sensationellen Entdeckung Sternbergs nicht überzeugt.

# Hollywood

Zu jener Zeit begann in Hollywood eine wahre Invasion ausländischer Stars. Das Ganze hatte angefangen, als Mauritz Stiller Greta Garbo aus Schweden nach Amerika holte und Metro-Goldwyn-Mayer einen Exklusivvertrag mit ihr machte. Von nun an hoffte jede Filmgesellschaft, seine eigene Garbo zu entdecken. B. P. Schulberg war es gelungen, Maurice Chevalier für die Paramount zu gewinnen. Auf die Telegramme hin hatte Schulberg Sternberg gebeten, so bald wie möglich nach Hollywood zu kommen und eine Kopie des *Blauen Engel* mitzubringen.

Nach Beendigung der Dreharbeiten – wobei er Synchronisation, Schnitt und Mischung seinen Mitarbeitern überließ – reiste Sternberg sofort nach Amerika. Nachdem Schulberg einige Szenen von *Der blauen Engel* gesehen hatte, stimmte er mit Sternberg überein, die Dietrich nach Hollywood zu holen. Die Paramount setzte sich mit einem Mittelsmann in Verbindung und sandte Marlene ein Telegramm.

Als der Agent der Paramount bei Marlene vorsprach, schien sie ganz ungerührt. Er fragte sie, ob sie das Telegramm erhalten habe, und sie sagte einfach: »Ja.« Weshalb sie nicht geantwortet habe, fragte er sie irritiert, aber sie entgegnete nur: »Ich will nicht nach Amerika.«

Es folgten die üblichen Überredungskünste, aber Marlene dachte nur an ihre Tochter, die sie hätte zurücklassen müssen. Zunächst sollte es sich nur um einen Vertrag für sechs Monate handeln.

Marlene lernte zum erstenmal die Macht und die Methoden Hollywoods kennen, aber nicht diese Methoden waren es, die sie einwilligen ließen – es war Sternberg. Sie wußte, Sternberg wollte sie haben.

Damals wußte sie schon, daß sie die Hauptrolle in Sternbergs nächstem Film spielen sollte. Es handelte sich um die Verfilmung des Romans ›Amy Jolly, die Frau aus Marrakesch‹ von Benno Vigny, einem Berliner Journalisten. Sie sollte die Rolle einer Nachtclubsängerin spielen, also eine ähnliche Aufgabe wie in *Der blauen Engel*.

Am 1. April 1930 raste das Premierenpublikum vor Begeisterung im Berliner Gloria-Palast und bejubelte den ›Liebling der Säsong‹. Sternberg hatte vor seiner Abreise seinen Musikarrangeur Peter Kreuder gebeten – so berichtet jedenfalls Kreuder in seinen Erinnerungen –, nach Marlenes Lied ›Ich bin von Kopf bis Fuß auf Liebe eingestellt‹ einige Meter Schwarzfilm einzukleben. Das Publikum sollte im Dunkeln sitzen und damit zum Beifall herausgefordert werden. Außerdem war eine berufsmäßige Claque von fünfzig Leuten engagiert worden, die den Beifall anheizen sollten. Aber das war gar nicht notwendig, denn der Beifall brach wie ein Orkan los.

Heinrich Mann hatte recht behalten: Kühl, mit verschleiertem Blick, den weißen Zylinder schief auf dem blonden Lockenkopf, strumpfbandknallend, die schönen Beine in Rüschenhöschen weit gespreizt, saß Marlene auf dem Faß und sang frech und frivol: »Ich bin von Kopf bis Fuß auf Liebe eingestellt …«

Nach der Vorstellung, als die Stars sich verbeugten, umbrandete sie der Beifall des Publikums. Vereinzelt waren auch die Namen von Albers und Jannings zu hören, aber vor allem riefen die Leute »Marlene!« – Mit dieser Triumphvorstellung nahm die Dietrich Abschied von Deutschland. Begleitet vom beifallklatschenden Publikum verließ sie im weißen Abendkleid den Gloria-Palast. Am Lehrter Bahnhof wartete ein abfahrbereiter Zug, der sie an Bord der ›Bremen‹ bringen sollte. Mit der ›Bremen‹ ging es dann weiter ins Filmparadies Hollywood, wo Sternberg sie erwartete.

»Der einzige Weg zum Erfolg«, soll Sternberg einmal gesagt haben, »ist, die Menschen dazu zu bringen, einen zu hassen.« Diese Methode schien er bei Marlene nicht angewandt zu haben, vielleicht war aber Marlene auch nicht der richtige Adressat. Sie war von Sternberg als Regisseur und Künstler fasziniert und unterwarf sich seinen Intentionen bedingungslos. Sternberg war Marlene Dietrich zu einer Obsession geworden, in der die Frau von der Schauspielerin nicht mehr getrennt werden konnte. Dieser Tatsache verdankten beide eine Flut von Klatschgeschichten. Hinzu kam, daß Marlene ohne Mann und Kind nach Hollywood gekommen war, was zu sehr viel Gemunkel Anlaß gab. Tatsächlich handelte es sich bei den beiden um eine professionelle Arbeitsgemeinschaft. Doch Hollywood sah sich außerstande, dies zu begreifen.

Rudolf Sieber plante, seiner Frau nach kurzer Zeit nachzureisen. Marlene hatte schweren Herzens von ihrer kleinen Tochter Abschied genommen. Schon bei der Überfahrt auf der ›Bremen‹ wußte sie, daß ihr das Kind sehr fehlen würde. Das war aber nicht ihre einzige Sorge. Sie fürchtete sich auch vor dem Alleinsein dort drüben.

Hollywood war damals ein Musterbeispiel an Exzentrizität. Drei Jahre zuvor hatte man die ›Talkies‹, die Tonfilme, entdeckt. Der erste erfolgreiche Tonfilm hieß *The Jazz Singer* (*Der Jazzsänger*, 1927) von Alan Crosland mit Al Jolson. Die Luft in den Ateliers und Filmgesellschaften war zum Zerreißen gespannt. Plötzlich waren Theaterschauspieler vom Broadway gefragt, weil sie die Sprache einwandfrei beherrschten. Berühmte Stummfilmstars verblaßten über Nacht. Das waren die Jahre der Filme wie *Abraham Lincoln* (*Abraham Lincoln*, 1930) von dem großen D. W. Griffith oder *All Quiet on the Western Front* (*Im Westen nichts Neues*, 1929/30) oder Garbos *Queen Christina* (*Königin Christine*, 1933) und *Monkey Business* (*Die Marx-Brothers auf See*, 1931). Die großen Stars waren Charlie Chaplin, die Garbo, Gloria Swanson, John Barrymore, Clara Bow, Maurice Chevalier, Norma Sheaver und Jeanette MacDonald.

Die Ankunft von Star und Regisseur im Film-Olymp Hollywood wurde nicht besonders beachtet. Die Paramount hatte beschlossen, die ganze Sache spannend zu machen. Marlene sollte später als Überraschung präsentiert werden. Kurz nach ihrer Ankunft berichteten einige Zeitungen, Sternberg habe aus Deutschland eine Neuentdeckung mitgebracht. Er arbeitete bereits an einem Film mit ihr, *Morocco*. Als man sie darauf in einem Restaurant erspähte, wo sie gemeinsam zu Abend aßen, gab das zwar Anlaß zu etlichen Spekulationen. Aus Mangel an Informationen verblaßte aber das Interesse der Umgebung an Sternbergs ›Neuentdeckung‹.

Die Dreharbeiten an *Morocco* verliefen ohne bedeutsame Zwischenfälle. Paramount hatte beschlossen, die Pressekonferenz so lange wie möglich hinauszuschieben. Doch einige Episoden gelangten schon vorher an die Öffentlichkeit. In diesem Film verliebte sich Marlene als Nachtclubsängerin in einen Fremdenlegionär. Ihr Partner war Gary Cooper, der damals als Filmstar gerade im Kommen war. Seine Frau war eifersüchtig auf Marlene, die sich mit Cooper sehr gut verstand. Sie verkündete, Marlene die Augen auskratzen zu wollen, wenn sie ihr unter die Fin-

*Gary Cooper, Marlene Dietrich und Adolphe Menjou in ›Morocco/Marokko/Herzen in Flammen‹, 1930.*

ger käme. Solche Drohungen eifersüchtiger Ehefrauen waren in Hollywood allerdings an der Tagesordnung. Die Öffentlichkeit nahm wenig Notiz davon, denn Marlene zeigte sich außerhalb der Ateliers ausschließlich mit Sternberg.

Sternberg arbeitete äußerst präzise, was von den Schauspielern unglaublich viel Geduld erforderte. Am ersten Drehtag für *Morocco* drehte er eine Szene, in der Marlene durch eine Tür gehen mußte, um sich dann umzudrehen. Darauf sollte eine Großaufnahme folgen. Er bat Marlene, bevor sie sich umsah, still bis drei zu zählen. Er wiederholte diese Szene zigmal; beim zwanzigstenmal schließlich wurde die Sache kritisch, und Marlene gestand später: »Also, was ich nun wirklich dachte, war: Wenn die Filme hier so gedreht werden, nehme ich das nächste Schiff nach Hause ...«

Den Technikern, die an *Morocco* arbeiteten, gefiel Marlene.

*Gary Cooper als Fremdenlegionär und Marlene Dietrich als Nachtklubsängerin in ›Morocco/Marokko/Herzen in Flammen‹, 1930.*

Sie fanden sie erfrischend, höflich und frei von Launen. Sie nannten sie den ›Rosa Engel‹.
*Morocco,* ein Film voll künstlerischer Romantik, spielte in einem elegant verkommenen Ort in Marokko. Sternberg ging verschwenderisch mit Lichteffekten um. Er hatte damals den Tick, durch Jalousien in einen Innenraum hineinzufotografieren, weil es ihm gefiel, das Bild mit Schattenstreifen zu überziehen. Staubiges Interieur, heruntergekommene Häuser und enge Gäßchen einer marokkanischen Stadt waren im Studio aufgebaut worden.*

---

* Der Pascha von Marrakesch, dem Sternberg später in Südfrankreich begegnete, fragte, wo in Marokko der Film denn entstanden sei. Worauf Sternberg erwiderte, daß er selbst nie in Marokko gewesen sei und alle Szenen ausschließlich in Kalifornien gedreht worden seien.

*Machte Mode: Marlene in Männerkleidung mit Frack und Zylinder.*

*Löste einen Sturm der Entrüstung aus: Marlene Dietrich mit Frack und Zylinder in ›Morocco/Marokko/Herzen in Flammen‹, 1930 (hier mit Paul Porcasi).*

Sternberg schrieb 1965 in seinem Buch ›Ich, Josef von Sternberg‹ über *Morocco:* › ... Die Sanddünen der Sahara fanden wir in Kalifornien. An ein paar staubigen Wegen im nahe gelegenen San Fernando Valley errichteten wir übermannshohe Spaliergitter und bedeckten sie mit Palmblättern. Eines dekorierten wir mit auf Stecken aufgespießten Totenschädeln. Sie sollten die Fremdenlegionskompanie grüßen, wenn sie einzog.

Nun ging es um die Uniformen und die Kostüme für die Hauptdarsteller. Ich hatte die ›kleine deutsche Hausfrau‹, der alle diese Vorbereitungen galten, in einem Berliner Bums in voller Herrengarderobe und mit Zylinder gesehen und wollte sie in einer im Café spielenden Szene des Films so auftreten lassen. Sie sollte ein französisches Lied singen und dann eine andere Frau küssen, während sie durch das Publikum schlenderte. Diese männliche Attitüde verstärkte ihren Charme. Ich wollte nicht nur einen kleinen lesbischen Akzent setzen (keine meiner Szenen, die sexuelle Bedeutung gehabt haben, ist je von der Zensur beanstandet worden), sondern ich wollte auch zeigen, daß ihr sinnlicher Reiz nicht nur in der klassischen Form ihrer Beine lag. Ich wollte damit keinesfalls jene neue Mode kreieren, die dann kurz nach dem Film die Frauen dazu brachte, statt ihrer Röcke die weniger pittoreske untere Hälfte der Herrengarderobe zu tragen. In einem Werbevorspann, den ich herstellen mußte, um die Finanzgewaltigen an den neuen Star zu gewöhnen, trat sie kurz in Frack und Zylinder auf. Sofort erhob sich ein Sturm der Opposition. Die Chefs der Gesellschaft schworen bei allem, was ihnen heilig war, ihre Frauen trügen nichts anderes als Röcke. Einer von ihnen ging so weit zu behaupten, Hosen könnten nicht gelüftet werden. Es folgten stundenlange Debatten. Ich verbrauchte meine Energie und sie die ihre, aber sie konnte sich nicht erholen, und ich mußte meinen Film machen ...‹

Die Dreharbeiten gingen ihrem Ende entgegen, und Marlene war krank vor Heimweh. Sieber war es nicht möglich gewesen, nach Hollywood zu kommen, und obwohl sie sich häufig schrieben, war sie doch unentwegt um Maria besorgt. Sie fühlte sich einsam und ohne ein Zuhause. Die Paramount hatte ihren Star mit dem üblichen Hollywood-Komfort umgeben; Marlene bewohnte ein elegantes Haus, hatte ein Mädchen, zwei Diener und fuhr einen Rolls-Royce. Doch sie machte sich nicht viel aus dem gesellschaftlichen Leben Hollywoods. Ihre Freizeit verbrachte sie mit Sternberg oder besuchte Boxkämpfe und Footballspiele.

Es störte sie auch, daß sie ständig mit der Garbo verglichen wurde. Ihr zurückgezogenes Leben trug dazu bei, ebenso die Paramount, die sie mit Geheimnissen zu umgeben suchte. Marlene soll damals gesagt haben: »Sie muß sich ja denken, ich will sie imitieren. Aber es gibt niemanden wie die Garbo. Ich bin ganz neu im Filmgeschäft, und sie ist der große Star der Filmwelt.«
Als der Garbo dieses Lob zu Ohren kam fragte sie höflich: »Und wer ist Marlene Dietrich?«

# Rückkehr nach Berlin

Als Sternberg den Chefs der Paramount die Rohfassung von *Morocco* vorführte, beglückwünschte man sich gegenseitig. Ja – eine neue Garbo war entdeckt worden. Dieses Etikett wurde der Dietrich verpaßt, und so schnell wurde sie das auch nicht wieder los. In einer amerikanischen Illustrierten wurde die Frage gestellt: »Wer ist der Star von morgen – die Dietrich oder die Garbo?«

Ein Journalist, der Marlene damals interviewte, beschrieb ihren ungewöhnlichen maskulinen Aufzug – Hosen und eine gutgeschneiderte Jacke, neben ihr ein weicher Filzhut. Sie sagte ihm, daß sie sich in Hollywood nicht glücklich fühle und anfange sich zu fragen, ob es nicht falsch gewesen war, nach Hollywood zu kommen. Dem Ruhm, so meinte sie, ziehe sie die Gesellschaft ihrer kleinen Tochter in Berlin vor. Als Sam Goldwyn diesen Artikel las, kicherte er und sagte, nun finge die Dietrich an, die Garbo zu imitieren ...

›Marlene‹, so schrieb wieder ein anderer nach einem Interview mit ihr, ›hat ein rundes Gesicht und eine Stupsnase. Sie ist von natürlicher Schönheit als die Garbo, denn sie versteht es zu lächeln, auch ist sie bescheidener als die launenhafte Garbo, aber wie jene fühlt sie sich in Amerika nicht wohl, wenn sie nicht gerade arbeitet. Sie hält sich meist zu Hause auf, liest und ist in Gedanken bei ihrem Mann, der beim deutschen Film arbeitet, und ihrer kleinen Tochter, die sie anbetet und deren Foto sie überall und immer bei sich trägt.‹

All das entsprach der Wahrheit. Wenn Marlene nicht arbeitete, sah man sie meist melancholisch. Sie zog das ruhige Familienleben Berlins dem hektischen Nachtleben Hollywoods vor. Mutter und Tochter schickten sich gegenseitig Tonbandaufnahmen ihrer Stimmen.

Trotz aller Melancholie und zeitweiligen Unzufriedenheit blieb die enge Beziehung zu Sternberg bestehen. Als die Paramount, enthusiasmiert über *Morocco,* Marlene einen neuen Vertrag anbot, nahm sie nur unter der Voraussetzung an, daß Sternberg Regie führte.

Im Gegensatz zu *Der Blaue Engel* arbeiteten sie auch Seite an

Seite während der technischen Endfertigung von *Morocco*. Sternberg lobte Marlenes technische Begabung und betonte, welche Hilfe sie ihm gewesen wäre bei der Fertigstellung des Films. Nach der Beendigung der Arbeit wollte Sternberg sofort mit einem neuen Drehbuch für Marlene beginnen.

Aber Marlene blieb standhaft. Sie hatte schon eine Passage nach Europa gebucht. Bevor sie eine neue Arbeit beginnen konnte, wollte sie erst eine gewisse Zeit in Berlin mit Maria verbringen. Das war ihr größter Wunsch. Sternberg fügte sich und traf eine Verabredung mit ihr drei Wochen später in Berlin.

Rudolf Sieber, Maria und Gerda Huber erwarteten Marlene in Berlin am Bahnhof. Außer ihnen hatte sich eine ansehnliche Menschenmenge eingefunden, um Marlene zu begrüßen. *Der Blaue Engel* war wochenlang vor ausverkauften Häusern gelaufen und Marlene als der Star gefeiert worden. Gerda hat später die Ankunft Marlenes in Berlin beschrieben: › ... und da kehrte sie heim, unsere Marlene. Sie sah aus wie ein Rekonvaleszent nach einer langen, schweren Krankheit. Es klingt vielleicht seltsam, aber Rudolf und ich haben das gleichermaßen so empfunden. Schön war sie überhaupt nicht mehr – nein, sie sah tatsächlich richtig häßlich aus. Hohle Wangen, eingesunkene Augen, die ohne Schminke klein aussahen. Nichts war mehr übrig von ihrer Lieblichkeit und ihrem Strahlen, das wir so gut kannten. Ihr Lächeln aber und ihre Stimme waren unverändert. Ihr zarter Körper versank in einem Chinchillamantel, ihr Gesicht hinter einem Zweig Orchideen. Die Polizei mußte die Menge zurückhalten, aber sie schien die vielen Menschen gar nicht zu bemerken.‹

Nach der ersten Umarmung fragte Maria sogleich nach dem elektrischen Spielzeugauto, und ob Marlene es bei sich habe. Abends, als Marlene sich in ihrer Wohnung so richtig wieder zu Hause fühlte, konnte man ihr deutlich ansehen, wie selig sie war, endlich wieder bei ihrer Familie zu sein. Gerda war zum Abendessen eingeladen. Sie erzählte, daß Rudolf nach seiner Lieblingsspeise Pistazieneis verlangt habe. Marlene eilte sofort in die Küche, band eine Schürze um und machte Pistazieneis für ihren Mann.

Es folgten vierzehn Tage häuslichen Glücks. Sie war ganz Mutter und Ehefrau und ging völlig in dieser Rolle auf. Hollywood schien sie vergessen zu haben.

Ein deutscher Journalist schrieb damals über einen Besuch bei

*Marlene Dietrich 1931 mit ihrer fünfjährigen Tochter Maria.*

der Dietrich: ›Ich fand sie vor im Spielzimmer ihrer Tochter. Sie kauerte zwischen Puppenhäusern, Kinderbettchen, Kaufladen und Puppenwiegen. Ihre Tochter kam gerade von einem Spaziergang zurück. Es spielte sich ab wie in einem Film. Sie zog ihr das Mäntelchen aus und küßte ihr die Händchen, den Hals und die Nasenspitze. Hier lernte ich eine Marlene Dietrich kennen, wie sie auf der Leinwand noch nie zu sehen war. Ich bin mir nicht klar darüber: Ist es das Schicksal eines Filmstars oder aber ein Teil seines Images, wenn man ihn in einer Weise zeigt, der seinem wahren Selbst so gar nicht entspricht? Die Dietrich hatte sich völlig verändert. Sie ist von der Schönheit bezaubert, und für sie liegt diese Schönheit in ihrem Kind. Maria begann nun mit ihren Puppen zu spielen, und Marlene wandte sich mir zu mit folgenden Worten: ›Wenn Sie es für wichtig halten, den Menschen über mein Privatleben zu berichten, bitte schreiben Sie folgendes: Dieses kleine Wesen dort ist das Wichtigste für mich auf der Welt. Die Arbeit befriedigt mich, macht mich zeitweise sogar glücklich, aber dieses Glück läßt sich nicht mit dem Glück vergleichen, das ich an der Seite Marias empfinde. Ruhm macht den Menschen nicht glücklich, die Sehnsucht und Liebe sind viel stärker ...‹

Natürlich fällt einem da Milton Shulman ein, der vor ein paar Jahren, als Marlene Dietrich im Café de Paris auftrat, im ›Evening Standard‹ schrieb: ›In jeder femme fatale steckt eine Hausfrau, die heraus möchte ...‹

Marlene blieb nun eine Zeitlang in ihrem Heim, kochte für ihren Mann und spielte mit ihrer Tochter. *Der blaue Engel* lief in Amerika an und erlebte unglaubliche Siegeszüge. Die amerikanischen Zeitungen waren voll von Fotos der Dietrich und enthusiastischen Kritiken.

Rudolf Siebers Berliner Vertrag lief gerade aus, und er hatte vor, ihn nicht zu verlängern. Er wollte seiner Frau nach Hollywood folgen.

Wie verabredet, tauchte Sternberg nach drei Wochen in Berlin auf. Er besuchte Marlene und brachte das neue Manuskript für ihren nächsten Film mit – *Dishonored*. »Und wieder«, erinnert sich Gerda Huber, »war sie seinem Zauber verfallen.«

# Sternberg über Marlene

»Josef«, sagte Marlene, »da ist etwas, das ich in *Dishonored* unbedingt bei mir haben will – eine Katze. Katzen haben mir immer Glück gebracht.«

Wieder zurück in Hollywood, begann die Arbeit für *Dishonored* in noch größerer Abgeschlossenheit als für *Morocco*. Schauspielerin und Regisseur begannen mit sorgfältigen Vorbereitungen. Dazu gehörten auch die strikten Anweisungen, die Sternberg gab, bevor die Arbeit überhaupt begonnen hatte. Er verbot jedes Interview mit der Dietrich, es sei denn, sie habe den persönlichen Wunsch. Die Presseabteilung bekam sozusagen einen Maulkorb und durfte erst nach einer Absprache mit Sternberg mit Zeitungen in Verbindung treten. (Es ist zu vermuten, daß Sternberg die Werbetrommel zu rühren beabsichtigte, indem er sie nicht rührte.) Außerdem bestand er darauf, ganz allein mit Marlene zu arbeiten. Das bedeutete, daß Rudolf und Maria erst nach drei Monaten nach Hollywood kommen durften. Die einzige, die er duldete, war Gerda Huber. Sie durfte mit nach Hollywood, als Marlenes Sekretärin.

Zur gleichen Zeit ging *Morocco* mit einem geradezu unheimlichen Werbefeldzug in den Verleih.

Damals war es üblich, daß die Namen der Stars in goldenen Lettern auf ein Flugzeug geschrieben wurden, das man dann über der Stadt kreisen ließ. Im Fall von Marlene Dietrich war das nicht nötig, die Presse hatte dafür gesorgt. Fotos und Serien waren in Druck gegangen, Klatschgeschichten füllten die Gesellschaftsspalten. Ihr Name war in aller Munde. Inzwischen waren auch ihre Platten mit den Liedern aus *Der Blaue Engel* auf dem Markt erschienen. Kein Zweifel, die Hauptrolle in *Morocco* spielte nicht Gary Cooper, sondern Marlene Dietrich.

Gary Cooper sollte auch in *Dishonored* Marlenes Partner sein, aber er lehnte ab mit der Begründung, daß er sich geschworen habe, nie wieder mit der Dietrich zu arbeiten. Dieser Schwur war aber weniger gegen Marlene als gegen Sternberg gerichtet, denn 1936 brach er diesen Schwur und arbeitete mir ihr in *Desire* (*Sehnsucht*, 1936). Damals hieß ›mit Marlene arbeiten‹ nicht unbedingt, daß auch Sternberg mit von der Partie war.

Die Dietrich spielte in *Dishonored* die Geheimagentin *X 27* (unter diesem Titel lief der Film in Deutschland), eine Art Mata Hari. Sie entlarvt einen Generalstabsoffizier als Verräter ihres Landes. Seinem russischen Gehilfen verhilft sie aus Liebe später zur Flucht. Für diesen Verrat wird sie am nächsten Morgen standrechtlich erschossen.

Sternberg arbeitete mit demselben Team wie in *Morocco,* mit Kameramann Lee Garmes und dem Architekten Hans Dreier. Die Kameraarbeit wurde von den Kritikern häufig Sternberg selbst zugeschrieben, weil man seine Handschrift zu erkennen glaubte. Auch Marlene behauptete, daß Sternberg die meiste Arbeit leistete. Lee Garmes selbst war aber anderer Meinung. Er fotografierte Marlene anfangs, wie sie im *Blauen Engel* fotografiert worden war, aber dann fiel ihm auf, daß das das gleiche war, was man in Hollywood mit der Garbo machte. Er wußte, daß die Dietrich den ›Nordlichteffekt‹ liebte. »Wir konnten natürlich keine zweite Garbo gebrauchen. So entschloß ich mich für den Nordlichteffekt, ohne Sternberg etwas zu sagen ... Dieses Gesicht der Dietrich war meine Schöpfung.«

Marlenes Partner, der russische Spion, wurde von Victor McLaglen gespielt. Er war ein Riese, der Sohn eines Landgeistlichen, der Boxer gewesen war, ehe er seine Filmkarriere begann. Durch die Filme *The Beloved Brute* und *What Price Glory* hatte er bereits in Hollywood einen Namen. Er war dafür bekannt, besonders ausgeglichen und verträglich zu sein. Man kann sich denken, wie wenig er zum *Dishonored*-Ensemble paßte. Sternberg und Marlene waren gut aufeinander eingespielt und fielen in den ihnen eigenen Arbeitsrhythmus. Sie besprachen jeden Beleuchtungseffekt, jede Schminkgeste, das genaue Arrangement eines Schleiers. Marlene wußte genau, was und wie Sternberg etwas haben wollte, und tat es schon so, bevor er etwas sagte. Sternberg wurde auch ab und zu von Wutanfällen heimgesucht, aber die Dietrich nahm das gelassen hin und hatte gegen derlei Gefühlsausbrüche nichts einzuwenden. »Ich brauchte die beiden nur anzusehen«, sagte McLaglen einmal, »und ich kriegte Fieber!«

Unmittelbar nach Beendigung der Dreharbeiten reiste Marlene nach Berlin. Sie wollte mit ihrem Mann und ihrer Tochter das Weihnachtsfest in Deutschland verbringen und sie dann nach Hollywood holen. Außerdem wollte sie für die europäische Erstaufführung von *Marocco* die Werbetrommel rühren. Stern-

*Marlene Dietrich als Geheimagentin in ›Dishonored/X.27‹, 1931, mit Victor Mc Laglen.*

berg war von dieser Reise nicht gerade begeistert. »Das war wirklich ein großer Kummer«, gestand er einer jungen Journalistin, »als Marlene nach Deutschland fuhr, ohne abzuwarten, bis *Dishonored* geschnitten war. Der Film wäre viel besser geworden, hätten wir an der technischen Endfertigung gemeinsam gearbeitet. Sie hatte ein besonderes Gespür für den Schnitt, das ich sehr bewunderte.«

Aber damit nicht genug. Jene Journalistin gestand ihm, mit Sternbergs Skriptgirl gesprochen zu haben, die bei *Morocco* und *Dishonored* mitgearbeitet hatte.

»Was haben Sie zu hören bekommen?« fragte Sternberg. »Ist sie der allgemeinen Ansicht, daß Marlene Dietrich die wahrscheinlich faszinierendste Schauspielerin ist, die sie je gesehen hat?

Hat sie Ihnen gesagt, daß jedermann im Ensemble und von der Crew sie liebt? Daß es große Aufregung gegeben hat, weil Frau Dietrich nur einmal mit derselben Frisur auftreten will? Hat sie Ihnen erzählt, wie sie dastand und die Hände rang, weil sie ihren Aufzeichnungen entnommen hatte, daß Marlene Dietrich in der Gefängniszelle mit seitlich gescheiteltem Haar am Klavier saß, und wie sie es in der nächsten Szene in der Mitte gescheitelt trug?

Hat sie Ihnen erzählt, wie später in derselben Sequenz Miß Dietrich sich mit den Fingern durchs Haar fuhr und dann überhaupt kein Scheitel mehr zu sehen war und wie sie, als man sie darauf aufmerksam machte, lachte und ›Was soll's! Jetzt trage ich's eben so!‹ sagte?«

Dieses Interview wurde, scheint es, betont aufgeschlossen und herzlich geführt. Es endete damit, daß Sternberg die junge Interviewerin einlud, mit Marlene und ihm essen zu gehen, sobald Marlene zurück wäre.

Sternberg wurde der Presse gegenüber immer schwatzhafter, je länger er und Marlene voneinander getrennt waren. Möglicherweise wollte er Gerüchte, die von einer totalen Abhängigkeit, einem Herr-Knecht-Verhältnis wissen wollten, zerstreuen, indem er Marlene öffentlich auf ein Podest stellte.

Man flüsterte sich zu, die Dietrich dürfe nicht lächeln und täte es auch nicht. Solche und andere Geschichten waren ohne Frage eine Projektion der öffentlichen Vorstellungskraft.

»Marlene Dietrich ist die intelligenteste Frau, die ich kenne«, berichtete Sternberg einem Journalisten, »und dazu die aufmerksamste und rücksichtsvollste ...«

»In dem Augenblick, als ich sie in Berlin auf der Bühne stehen sah, wußte ich's: Sie ist die Frau, die ich für meinen Film suche. Ich erkannte diese undefinierbare Mischung aus Borniertheit und subtilster kultureller Bildung. Sie trug schon damals die Illusion perfekter Gleichgültigkeit zur Schau ...«

»Sie ist die besorgteste Person, die ich je im Leben getroffen habe. Ich greife neben mich und taste nach Schreibpapier, um etwas zu notieren, aber es ist keines da. Am nächsten Tag findet sich ein silbernes Tablett mit Papier und Bleistift an jener Stelle. Kein Wort wird darüber verloren. Marlene findet nichts wichtiger als unsere Arbeit. Wenn ich Regie führe und die Geschichte Schritt für Schritt in Bilder umsetze, hat sie nur einen Gedanken, jeden meiner Wünsche schon im voraus zu ahnen und zu befriedigen und mir jedes Hindernis aus dem Weg zu räumen. Ihre Fürsorge geht sogar so weit, mir vorzuschreiben, welche Nahrung ich zu mir zu nehmen habe, weil sie gesund für mich ist.«

Marlene, so fuhr er fort, koche besondere deutsche Speisen, die er kenne und schätze, und schicke ihr Dienstmädchen damit zu ihm ins Studio. Ihre außerordentliche Intelligenz halte sie in keiner Weise davon ab, die weiblichste Frau der Welt zu sein. Als Schauspielerin sei sie eine Perfektionistin und verstehe von der Einrichtung des Lichts und der Kameraführung fast ebensoviel wie der Kameramann selbst.

Sternberg war von der Arbeit an der Kamera fasziniert. Er arbeitete mit Lichteffekten wie ein Besessener. Der Dokumentarfilmer Pare Lorentz hielt nichts von diesem Firlefanz. Er schrieb damals über Sternberg in JUDGE und bezog sich dabei auf seine Arbeit bei *Dishonored:* Er (gemeint war Sternberg) läßt Frau Dietrich eine Etüde von Chopin, glaube ich, spielen, während er herumsaust, um ihr Gesicht auszuleuchten, hinter das Piano kriecht, Nahaufnahmen von ihrem Haar und ihrer Figur macht, mit jedem nur erdenklichen Kunstgriff ihre Emotionen in Bild und Ton umsetzt. Sie müßte ein Ausbund an Häßlichkeit sein, wenn sie angesichts dieser Hilfsmittel nicht interessant wirkte. Ich will damit die Fähigkeiten von Miß Dietrich nicht kleiner machen als sie sind, aber ich muß immer wieder betonen, daß sie bei einem solchen Regisseur nichts weiter zu tun braucht – und vermutlich auch nicht kann –, als seinen Anweisungen zu folgen und ihrem Schicksal zu danken ...«

Marlene kehrte nach Deutschland zurück mit einem kleinen Terrier für Maria und begann den Umzug ihrer Familie nach New York zu planen und zu organisieren. In Berlin entdeckte sie amüsiert, daß sich die von ihr kreierten Hosenanzüge für Damen bereits in Europa durchzusetzen begannen. Die modebewußten Damen fanden auch an den weichen englischen Filzhüten Gefallen und bestellten Hemden mit dazu passenden Krawatten beim Herrenschneider. Diese Kombination machte als der ›Dietrich-Stil‹ Furore. Auf dieses Thema angesprochen, zuckte sie nur lächelnd die Achseln: »Ich trage das, weil ich diese Kleidung bequem finde.«

Man schrieb das Jahr 1931. Die Macht der ›neuen Ordnung‹ war nicht mehr zu übersehen. Immer häufiger traf man die Mitglieder der NSDAP und ihrer Organisationen in Uniform und Stiefeln bei gesellschaftlichen Anlässen. Antisemitische Plakate bedeckten die Häuserwände, Propagandaschriften tauchten auf. Für Marlene Dietrich sprach vieles dafür, daß Deutschland kein idealer Aufenthaltsort sein würde.

Walter Rilla, mit dem Marlene in den zwanziger Jahren einige Filme gedreht hatte, kam eines Tages ins Theater und fand mit Kreide an die Tür des Bühneneingangs geschrieben: FÜR JUDEN VERBOTEN! Als er protestierte, erklärte ihm der Direktor, der Assistent des Bühnenmeisters sei Mitglied der Partei. Er befürchte Schwierigkeiten, wenn er das Geschriebene abwischen ließe. Kurz darauf entschloß sich Rilla, Deutschland den Rücken zu kehren.

Zu jener Zeit saß Marlene häufig mit Hans Jaray, einem noch unbekannten Schauspieler, beisammen. Später wurde er durch seine leichten Komdödien bekannt und der ›Noel Coward Berlins‹ genannt. Es hieß später, Marlene habe durch ihr Interesse an Jaray seine Talente geweckt. Tatsächlich gehörte es zu ihren Vorzügen, Talente aufzuspüren und zu fördern.

Ihre Ankunft in Amerika lag kurz nach der Premiere von *Dishonored*. Auch dieser Film brachte ihr den Beifall des Publikums und die Lobeshymnen der Kritiker. ›Man sollte dieser jungen Deutschen in einem großen Film eine große Chance geben, denn inzwischen dürfte klar sein, daß sie eine schöpferische Begabung ist. Sie allein macht *Dishonored* zu einem interessanten Film …‹, hieß es in VARIETY im März 1931. Sternbergs Kameraführung wurde über alle Maßen gelobt, sein Drehbuch weniger. Es hieß sogar, man solle Sternberg »unbedingt in Zukunft von der Schreibmaschine fernhalten«.

Marlene wirkte exotisch und umwerfend. In Pelz gehüllt, in fließenden Gewändern mit Perlen und Pailletten, bemalt und in verführerische Schleier gewandet, sah sie in keiner Szene auch nur eine Spur weniger geheimnisvoll und hinreißend aus als in der vorangegangenen. Auch die Verkleidung als ungeschminkte Bauersfrau tat Marlene keinen Abbruch. Später soll sie gesagt haben, daß diese Kostümierung ihrer wahren Persönlichkeit am ehesten entsprach. Und dennoch: Die Legende von der ›femme fatale‹ bekam immer mehr Nachdruck. C. H. Rand, ein bekannter Journalist, lieferte seinen Beitrag zur Dietrich-Legende in einem für die damalige Zeit typischen Traktat:

›Ich würde frohen Herzens zehn Meilen zu Fuß gehen, um einen Film mit Marlene Dietrich sehen zu können. – Ich würde auch hundert Meilen durch den Schneesturm fahren. Natürlich weiß ich wohl, daß der Zauber nicht allein von Marlene ausgeht. Ich sehe sie, aber ich sehe sie durch die Augen begabter Künstler. Ich sehe sie durch die Augen Josef von Sternbergs, durch die Augen genialer Kameraleute und talentierter Art-Direktoren und Garderobiers. Ich verfolge sie Szene für Szene – beinahe überirdische Perfektion läßt Marlene sich in einer neuen eigenen Welt bewegen ... Wie alle großen Stars ist Marlene ein Mythos, ein Symbol, eine Idee; und sie fasziniert mich dergestalt, weil sie die genaue Verkörperung dieser Idee darzustellen vermag. Alle Männer, auch ich, haben jene unbewußten Träume vom perfekten Vamp. Die romanischen und slawischen Vamps à la Pola Negri lassen mich kalt. Ich sehne mich nach Schönheit ohne Knalleffekte, nach einer trägen Versucherin ohne Temperament. Ich wünsche mir die Frau, deren Leidenschaft nicht zu einem blinden Wirbel körperlicher oder seelischer Bedürfnisse anschwillt, sondern die Frau, die eine gegenseitige Anziehungskraft erkennt, und zwar mit Humor, soweit das der Liebe möglich ist. Aber nach einem Vamp mit Hirn kann man bekanntlich lange suchen. Und nach einem Vamp mit Humor wahrscheinlich noch länger. Alle Ingredienzien meines Traumbildes sehe ich in Marlene Dietrichs Leinwandimage vereinigt. Schönheit besitzt sie im Überfluß – ihre Sinnlichkeit ist reich und subtil gefächert, und man braucht nur ihre Augen anzusehen, um zu wissen, daß sie auch Humor hat.‹

Aber damit nicht genug. Mr. Rand sah noch mehr in Marlene Dietrich – ihren Verstand, den er mit dem Napoleons, Cäsars, Mussolinis und Lenins verglich. Wenn man mit ihr diskutiere, schrieb er, wäre sie immer um zwei Nasenlängen voraus. Wer sie für dreist hielte, meine damit ihre Überlegenheit. In der Liebe habe sie nur deshalb keine Illusionen, weil sie zu weise wäre ...

# Außergerichtlich beigelegt

Als Marlene mit Sternberg an ihrem dritten Hollywood-Film, *Shanghai Express,* zu arbeiten begann, zogen Sieber, Maria, Gerda Huber und zwei Berliner Dienstmädchen in das geräumige Haus in Beverly Hills. Doch auch das konnte die Klatschmäuler, die von einer Affäre zwischen Marlene und Sternberg redeten, nicht zum Schweigen bringen. Rudolf Sieber aber war nicht im mindesten beunruhigt. In seinen Augen handelte es sich um ein ungewöhnlich enges Arbeitsverhältnis, dessen Erfolg sich in den Filmen niederschlug. Er sah nichts Gefährliches an dem Einfluß Sternbergs auf Marlene.

Aber Hollywood gab keine Ruhe. Marlene, die mit Beruf und Familie alle Hände voll zu tun hatte, nahm am gesellschaftlichen Leben Hollywoods seltener denn je teil.

Gerüchte wurden laut, Marlene suche von Sternberg loszukommen, um mit einem anderen Regisseur zu arbeiten. Marlene, als man sie darauf ansprach, antwortete: »Als ich mein Kind noch nicht hatte, hab' ich alle anderen Kinder auf der Straße angehimmelt, ich war geradezu närrisch nach Kindern. Aber nun habe ich ein eigenes, und es ist perfekt. Warum sollte ich noch nach anderen Kindern Ausschau halten? Genauso geht es mir mit dem Regisseur. Ich habe den allerbesten. Warum sollte ich mich also nach einem anderen umsehen?«

Und auf die zu erwartende Unterstellung, ihre Ehe sei nicht das, was sie scheine, erwiderte die Dietrich ganz ruhig, man solle sich nicht vom Schein trügen lassen. Keine Ehe, so meinte sie, sei mit einer anderen zu vergleichen, was zähle, sei einzig und allein, wie die Menschen, die diese Ehe lebten, sie beurteilten.

»Wenn zwei Menschen sich lieben, wissen sie genau, wie es um sie steht. Ich habe keine starken Besitzansprüche an einen Mann. Vielleicht bin ich deshalb in meinen Reaktionen auch nicht besonders weiblich. Das bin ich nie gewesen. Selbst als ich jünger war, habe ich es nicht darauf angelegt, junge Männer zu erobern. Ich hatte keinen Schwarm, keinen Kavalier, bis ich meinen Mann kennenlernte.«

*Shanghai Express* zählen viele Kritiker zu Marlenes besten Filmen, für die Paramount war er der einträglichste. Damals bot

*1931, während der Dreharbeiten zu ›Shanghai-Express‹, zog Marlene Dietrich mit Tochter Maria und Ehemann Rudolf Sieber in eine geräumige Villa in Beverly Hills, Ecke Roxbury Drive und Sunset Boulevard.*

die Paramount den Kinobesitzern zwei Marlene-Dietrich-Filme pro Jahr an. Darum war stets Eile geboten. »Eines Abends«, berichtete die Dietrich, »als wir im Vorführraum saßen und die Aufnahmen für den nächsten Tag festgelegt hatten, sagte Sternberg: ›Wie gefiele es dir, als alleinstehende Frau von Peking nach Shanghai zu reisen? Wir könnten dich Shanghai-Lily nennen …‹«

Zu B. P. Schulberg sagte er: »Wir setzen Marlene in einen Zug …« Die Idee für *Shanghai Express* war geboren. Marlene spielte eine sich aufopfernde Prostituierte, die sich dem Anführer einer rebellierenden Truppe hingibt, um ihren ehemaligen Geliebten zu retten. Dieser Geliebte, ein Engländer, gespielt von Clive Brook, erkennt, daß er zu Unrecht an Shanghai-Lily gezweifelt hat, und am Ende steht einer gemeinsamen Hochzeit nichts mehr im Wege.

Marlene zeigte sich in diesem Film in einer Unmenge verschiedener Kostüme, wobei aber diesmal ihre Beine nicht ein einziges Mal zum Vorschein kamen. Dieser Zug, in dem sich der ganze Film abspielte, war ein Grandhotel auf Rädern. Der Aufwand, der für diesen Film getrieben wurde, war selbst für Hollywood-Verhältnisse enorm. Eine Strecke der Santa-Fé-Eisenbahn mußte für den Publikumsverkehr gesperrt werden. Tausende von asiatischen Statisten waren engagiert worden. Der Film spielte an die drei Millionen ein, obwohl damals ein Kinoplatz nur zehn Cents kostete. Das Team hoffte für diesen Film auf einen ›Oscar‹, aber weder Marlene noch Sternberg bekamen ihn, sondern Lee Garmes für seine hervorragende Kameraarbeit. Die Story wurde als banal und althergebracht abgetan, Marlenes schauspielerische Leistung aber über alles gelobt. Richard Watts schrieb in der NEW YORK HERALD TRIBUNE: › ... Der Film, die brillante Produktion eines begabten Regisseurs, einer der wenigen mit einem entschiedenen Stil, großartig fotografiert von dem ausgezeichneten Kameramann Lee Garmes, zeichnet sich durch eine gleichbleibende visuelle Qualität aus ... Wer jemals angenommen hat, daß die Garbo ihrer einstigen Rivalin Miß Dietrich überlegen ist, wird durch diesen Film eines Besseren belehrt ...‹

Die enge Zusammenarbeit zwischen Marlene und Sternberg gab immer wieder zu neuen Klatschgeschichten Anlaß. Sternberg und Marlene kümmerte das nicht im geringsten, aber für die Frau Sternbergs, Mrs. Riza Royce von Sternberg war die Grenze des Erträglichen erreicht. Als der *Shanghai Express* abgedreht war, ließ sich Riza Royce von Sternberg scheiden und forderte eine Summe von $ 100.000 wegen Verleumdung und weitere $ 50.000 mit der Begründung, Marlene habe ihr den Ehemann entfremdet. Dieses Vorhaben wurde von allen Zeitungen dankbar aufgenommen. Riza Royce wurde von Journalisten regelrecht überrannt und äußerte sich freizügig zu den Punkten der Anklage gegen Marlene Dietrich. Marlene dagegen sagte, Frau von Sternberg sei ihrem Gatten jahrelang eine »treusorgende und liebende Ehefrau gewesen«. Bei der Verleumdung handelte es sich um einen Artikel, den ein gewisser Dr. Sandor Incze in einer Wiener Zeitung veröffentlicht hatte, in dem es unter anderem hieß, Marlene habe geäußert, Sternberg würde sich über kurz oder lang von seiner Frau scheiden lassen, weil sie ihn unglücklich mache.

Riza Royce hielt auch nicht mit ihrer Meinung über Marlene hinter den Berg:

»Jede Frau, die sich derartig zweideutig gibt, so zu sprechen und zu blicken weiß, muß damit rechnen, mysteriös zu erscheinen. Ich könnte das übrigens auch, wenn ich's versuchen würde ...«

Ein paar Tage später meldete die ›Daily Mail‹, Marlene habe behauptet: ›Rudolf und ich lieben einander, und gemeinsam werden wir uns jedem Rechtsstreit stellen.‹

Für die Zeitungen war diese Geschichte ein gefundenes Fressen. Jedes Wort, jede Bemerkung wurde bis ins letzte ausgewalzt. Klar war jedenfalls, daß Marlene die Vorladungspapiere erhalten hatte. Der Gerichtstermin war in New York noch nicht festgesetzt. Gerüchte wurden laut, Sternberg versuche seine

*Marlene Dietrich als Shanghai-Lily mit Warner Oland als Henry Chang und Clive Brook als Captain Donald Harvey in ›Shanghai-Express‹, 1932.*

Frau umzustimmen, sie solle die Klage fallenlassen, und habe sich bereit erklärt, die Kosten zu tragen.

Dann ließ Marlene wissen, sie habe nicht die Absicht, diese finanzielle Angelegenheit außerhalb des Gerichts zu klären. Es sei ihr vollkommen gleichgültig, was das für ihre Publicity bedeute. Sie wünsche sich vor Gericht zu den Anschuldigungen von Riza Royce zu äußern.

Die ganze Geschichte ging aus wie das Hornberger Schießen, sehr zum Leidwesen der Klatschkolumnisten. Die Paramount gab eine Presseerklärung heraus, die besagte, daß Marlene Dietrich von Riza Royce einen Brief erhalten habe mit der Information, daß sie die Anklage zurückziehe mit der Begründung, die Quelle ihrer Informationen habe sich als unwahr herausgestellt. Dr. Incze, dessen Artikel so viel Staub aufgewirbelt hatte, habe eine Erklärung veröffentlicht, in der es hieß: ›Die Bemerkung von Marlene Dietrich über Frau von Sternberg ist aus der Luft gegriffen.‹

Das, was der ›Daily Express‹ bereits hoffnungsvoll als ein ›erstklassiges Dreiecksverhältnis‹ beschrieben hatte, war nur ein Windei gewesen.

Die wilden Gerüchte und wüsten Spekulationen fielen in ein Nichts zusammen. Doch die Scheidung blieb bestehen – Hollywoods Gerüchteköche waren nun genauso schlau wie vorher.

# Blonde Venus

Eines Abends saßen Marlene, Rudolf und Gerda in Beverly Hills gemütlich beisammen. »Was meinst du, Marlene«, fragte Gerda nachdenklich, »ist die Faszination, die du auf Josef ausübst, immer noch die gleiche?«

Marlenes Augen, so berichtete Gerda, verschleierten sich. »Ich weiß nicht«, sagte sie. »Ich weiß es wirklich nicht. Wenn ich im Atelier mit ihm arbeite und meine Arbeit mich begeistert, fühle ich, daß ich ohne ihn nichts wäre. Ich bin seine Schöpfung, und er ist der einzige Mann, der mein wahres Ich zum Tragen bringen kann.«

»Dein wahres Ich ist das der geborenen Mutter!« rief Rudolf hastig.

Vielleicht wußte Rudolf bereits von dem nächsten Film, *Blonde Venus,* den Sternberg mit Marlene plante. Seine Bemerkung hatte sich wohl kaum auf ihre Rollen in *Der blaue Engel* oder *Shanghai Express* bezogen, sondern auf *Blonde Venus,* wo die Dietrich zwar einen Kabarettstar spielte, aber das Hauptgewicht auf ihrer Rolle als Ehefrau und Mutter lag. Im landläufigen Sinne ist *Blonde Venus* ein Rührstück: Um ihrem todkranken Mann einen Klinikaufenthalt zu finanzieren, wird sie die Geliebte eines reichen Lebemannes, der ihr und ihrem Kind, während der Mann zur Kur ist, eines seiner Häuser zur Verfügung stellt. Als der Ehemann davon erfährt, droht er, ihr das Kind wegzunehmen. Sie flieht mit dem Kind von Stadt zu Stadt. Sie tritt in billigen Etablissements auf und wird zur Prostituierten. Der Mann läßt ihr das Kind durch die Polizei wegnehmen. Nach dem harten und entbehrungsreichen Aufbau einer neuen Karriere als Nachtclubsängerin gelingt es ihr, sich mit ihrem Mann wieder zu versöhnen. – So manch einer vermutete in der Story autobiographische Züge.

Als Marlene und Sternberg an dem Filmskript arbeiteten, so berichtete Gerda Huber, mußte Marlene manchmal vor Rührung weinen. Einmal führte sie Sternbergs Hand an die Lippen und sagte: »Ich hoffe, ich werde Sie nie enttäuschen.«

In *Blonde Venus* spielte Herbert Marshall den Ehemann und der junge Cary Grant den reichen Liebhaber. Nachdem die Pro-

*Entschlossen kämpft Helen Faraday (Marlene Dietrich) um ihren Sohn Johnny (Dickie Moore). Szene aus ›Blonde Venus/Die blonde Venus‹, 1932.*

duktion begonnen hatte, kam es zu Meinungsverschiedenheiten zwischen Sternberg und der Paramount. Die Paramount war der Ansicht, der Schluß des Films (die untreue Ehefrau wird von dem liebenden Gatten wieder aufgenommen) wäre ›unmoralisch‹. Die amerikanische Öffentlichkeit, so hieß es, würde niemals einen Ehemann akzeptieren, der seiner Frau, die sich so erniedrigt habe, verzeiht.

Sternberg war zu keinem Kompromiß bereit und weigerte sich, die Geschichte zu ändern. Die Paramount drohte, seinen Vertrag zu kündigen und ihn durch den Regisseur Richard Wallace zu ersetzen.

Marlene, die an diesem Gespräch teilgenommen hatte, erhob sich und sagte sehr ruhig, wenn Sternberg gekündigt würde, könne man auch nicht mehr mit ihr rechnen. »Ich werde niemals einen anderen Regisseur akzeptieren!«

Das war eine Kriegserklärung, und einige Tage wußte niemand, wer siegen würde. Rudolf Sieber hatte ganz offen Marlenes und Sternbergs Partei ergriffen, was zur Folge hatte, daß man sie ›Die drei Musketiere‹ nannte. Marlene soll damals die Parole ausgegeben haben: »Von S. für alle und alle für von S.«

*Cary Grant und Marlene Dietrich in ›Blonde Venus/Die blonde Venus‹, 1932.*

Paramounts nächster Schritt war, die Zahlungen an Marlene einzustellen. Marlene ließ das kalt. Sternberg gab nach einem Monat (andere wollen wissen, daß das alles nur eine Woche gedauert habe) seine kompromißlose Haltung auf. Er begründete das damals damit, daß er Marlenes Karriere nicht ruinieren wolle. Er einigte sich mit den Bossen der Paramount auf geringfügige Änderungen, und die Arbeit konnte wieder aufgenommen werden.

Der Film erntete nicht sehr viel Beifall. »Sein (Sternbergs) jüngster Film *Blonde Venus* ist möglicherweise sein schlechtester. Hier hat Sternberg samt seinen Talenten seinen Tiefpunkt erreicht«, hieß es. »Die Aufnahmen sind entschieden manieriert – eine widerliche Mischung aus diffusem Licht, gesofteten sowie über- und unterbelichteten Bildern, wobei jede Szene so offensichtlich komponiert ist, daß es weh tut.« Sternberg hatte offensichtlich auf die Störung durch die Paramount und die vergiftete Hollywood-Atmosphäre empfindlich reagiert.

Während der Dreharbeiten zu *Blonde Venus* dachte Sternberg bereits an den nächsten Film mit Marlene. Sie hatte bei ihrem letzten Aufenthalt in Europa eine Geschichte ausgegraben und sie ihm zur Beurteilung mitgebracht.

Einem Reporter gegenüber äußerte sich Sternberg: »Ich glaube, bei unserem nächsten Film melde ich mich einfach krank. Marlene soll dann die Regie übernehmen. Bei *Morocco* und *Dishonored* hat sie die Regie schon fast allein gemacht. Und das meine ich ganz ernst ... Ich werde nur noch ein paar Filme machen, um mich dann zurückzuziehen. Ich habe nur noch einige Geschichten im Kopf, und dann werde ich mich ausruhen. Ich werde Marlene als Regisseur vorschlagen.«

Als ein Zeitungsmann äußerte, daß Marlene lediglich ein ›Papagei‹ sei, antwortete er: »Ein Papagei? Wieso? Sie hat jeden Tag in Europa Stunden damit verbracht, Geschichten nicht nur für sich, sondern auch für die Paramount zu finden. Das einzige, was ich ihr in den Mund gelegt habe, ist ein gutes Englisch.«

Man erzählte sich, daß Sternbergs Kritik an Marlenes Englisch bisweilen sehr scharf war. Aber sie wußte sich zu verteidigen, indem sie ihm Fragen auf deutsch entgegenschleuderte.

Zu dieser Zeit spielte sich auch eine andere Geschichte ab, die Marlenes legendäre Großzügigkeit betraf.

Unter den vielen Sternchen, die damals am Filmhimmel von Hollywood zu flimmern begannen, befand sich ein 26jähriger

Schotte. Er hatte die Armee verlassen, weil er das Militär in Friedenszeiten langweilig fand. Er war nach Kanada ausgewandert, hatte dort bei einer Zeitung, später als Kellner und Holzfäller gearbeitet. Darauf zog es ihn zur Plantagenarbeit nach Kuba, dann zur Revolution nach Peru. Als der unternehmungslustige Schotte zum erstenmal in Hollywood auftauchte, hatte er es schwer, dort Fuß zu fassen. Er erzählte eine Geschichte, die ihm aus jenen Jahren in Erinnerung geblieben war.

»Als ich ankam«, berichtete er, »kannte ich keine Seele aus der Filmbranche. Ich hatte bislang weder auf der Bühne noch vor der Kamera gestanden. So hockte ich überall herum und versuchte ein hoffnungsvolles Gesicht zu machen. Ich näherte mich immer mehr einer totalen Pleite. Marlene war damals der Star der Stars, und man fuhr sie in riesigen glänzenden Autos herum. Ihr Chauffeur, sein Name war Briggs, hatte zwei Pistolen umgeschnallt und trug eine Uniform mit Nerzkragen. Ich hatte mich mit ihm angefreundet. Ich hatte dann bald das Glück, Marlene auf einem Fest kennenzulernen, und es ist überflüssig zu sagen, daß ich sie seitdem sehr verehrt und geliebt habe. Ich wurde damals krank, Grippe oder so was war es. Ich lebte in einem verfallenen Haus in einem Zimmer über einer Garage. Ich war total pleite und ziemlich übel dran. Ich glaube, ich war an meinem Tiefpunkt angelangt, als ich zu meiner Überraschung ein Auto vorfahren hörte. Gleich darauf stolperte dieser fantastische Briggs herein. Die Körbe mit Essen, Medizin, Champagner und Kaviar konnte er kaum tragen. Ein riesiger Kuchen kam zum Vorschein, den Marlene selbst gebacken hatte, denn obendrein war sie nicht nur ein Engel, sondern auch noch eine gute Köchin.«

Das war typisch für Marlenes Hilfsbereitschaft. Sie half jedem spontan, sobald ihr zu Ohren kam, daß jemand krank, elend oder einsam war. – Sie war eine moderne Florence Nightingale. Der junge Mann, dem der Chauffeur Briggs Marlenes Kostbarkeiten brachte, war David Niven. Einige Jahre später gehörte er zu den großen Stars, die am Filmhimmel Hollywoods funkelten.

Rudolf Sieber hatte inzwischen einen Posten als Repräsentant der Paramount in Berlin angenommen. Das verpflichtete ihn, mehrere Monate im Jahr in Europa zu verbringen. Nach Abschluß der Dreharbeiten zu *Blonde Venus* ging Sieber nach Berlin.

Bevor Marlene Hollywood verließ, um nach Deutschland zu reisen, fragte sie ein Reporter, ob sie glaube, daß Hollywood sie verändert habe:

»Das glaube ich nicht«, erwiderte sie. »Ich kann mehr Verantwortung tragen. Das habe ich gelernt. Wenn man einen Film macht, hat man das Gefühl, die ganze Produktion läge auf den eigenen Schultern. Aber Hollywood kann keinen Menschen mit einer Persönlichkeit und Grips im Kopf verändern ...«

# Entführung

Als sie nach Amerika zurückkehrte, sollte Marlene ein häßliches Erlebnis haben. Kurze Zeit zuvor waren die Zeitungen voll von Berichten über die Entführung des Lindbergh-Babys. Nach wochenlanger intensiver Polizeiarbeit hatte man die Leiche des Babys gefunden, aber von den Entführern fehlte jede Spur. Das Baby war am 1. März 1932 entführt worden. Ganz Amerika fragte sich damals, wem der nächste Schlag gelten würde.

Marlene lebte damals mit Maria und einem Kindermädchen an der Ecke North Roxbury Drive und Sunset Boulevard. Eines Tages fand sie in ihrer Post einen anonymen Brief. Die Botschaft bestand aus einzelnen aus der Zeitung ausgeschnittenen Buchstaben, die zu Worten zusammengesetzt und auf ein Blatt Papier geklebt waren. Man drohte Maria zu entführen, wenn Marlene nicht bereit wäre, 10.000 Dollar zu bezahlen. Marlene setzte sich sofort mit der Polizei in Verbindung und engagierte mehrere Privatdetektive, die als Gärtner und Diener verkleidet wurden. Sternberg schickte ihr einen bewaffneten Leibwächter. Einer der Privatdetektive, H. M. Reynolds, ein erfahrener ›private eye‹, erzählte später von der aufregendsten Geschichte in Marlenes Leben:

»Ein Kollege und ich organisierten gemeinsam den Sicherheitsschutz des Kindes. Los ging es mit jenem Brief, in dem die Gangster das erstemal das Geld forderten. Die Summe sollte in der Nähe des Hauses auf einem Mäuerchen deponiert werden, forderten die Entführer. Wenn nicht, wollte man Maria entführen und als Geisel festhalten.

Frau Dietrich war völlig außer sich. Sie war kaum in der Lage zu arbeiten. Ich wurde engagiert, um einen Plan für den Schutz des Kindes auszuarbeiten und, wenn notwendig, die möglichen Entführer zu verfolgen.«

Man stellte ein Paket imitierter Dollarnoten her und legte obenauf einen echten Dollarschein. Frau Dietrich legte das Paket auf die Mauer. Reynolds und ein zweiter Detektiv versteckten sich und warteten. Nach einiger Zeit sprangen zwei Männer aus einem Taxi, schnappten sich das Paket und rasten in dem Taxi wieder davon.

»Das war alles zu schnell für uns«, berichtete Reynolds später. »Am nächsten Tag kam ein neuer Brief, in dem 100.000 Dollar verlangt wurden. Wieder bestand diese Nachricht aus zusammengeklebten Buchstaben. Außerdem hieß es in dem Brief: ›Marlene, wenn du deine Maria retten willst, damit sie auch ein Star wird, zahle gefälligst. Wenn nicht, wird sie nichts weiter sein als eine bleibende Erinnerung. Wage es nicht wieder, die Polizei auf uns zu hetzen!«

Von diesem Augenblick an ließ Marlene Maria keine Sekunde mehr aus den Augen. Reynolds begleitete sie überall hin, aß mit ihr an einem Tisch, prüfte alle Besucher und hielt nachts vor ihrer Zimmertür Wache. Marlene schlief mit Maria in einem Zimmer. Freunde boten ihre Hilfe an. Alle Fenster wurden vergittert, ebennso alle Zugänge zum Haus. Die Dienstbote wurden bewaffnet.

»Eines Tages«, erinnerte sich Reynolds, »wollten wir die Entführer auf die Probe stellen. Wir ließen Maria allein zum Filmstudio laufen, um ihre Mutter zu besuchen. Zwei Leibwächter wurden als Komparsen verkleidet, die in Marias Nähe blieben. Mein Kollege und ich folgten ihr in einem angemessenen Abstand. Kurz darauf fuhr neben Maria ganz langsam ein Taxi dahin, aber keiner saß drin. Trotzdem notierten wir die Nummer des Wagens. Als Maria den Eingang zum Studio erreichte, näherte sich ihr eine alte Dame. Sie trug ein langes schwarzes Kleid und ein seltsam altmodisches Hütchen. Sie bot Maria eine Zuckerstange an, blickte auf und bemerkte die vier Männer, die sich ihr näherten. Mit bemerkenswerter Behendigkeit rannte sie zu dem wartenden Taxi und ließ beim Einsteigen Hosenbeine unter dem schwarzen Rock sehen.

Das Taxi konnten wir ausfindig machen, aber der Fahrer schwor, er wisse nichts von seinem Fahrgast und habe ihn irgendwo in Los Angeles abgesetzt. Insgesamt nahmen wir über zwanzig Leute unter die Lupe, aber ohne ein Ergebnis. Der Initiator des geplanten Verbrechens konnte nie gefunden werden.«

# Unter anderer Regie

Der Rummel um die spektakuläre Entführungsgeschichte hatte sich bald gelegt. Doch die Sicherheitsvorkehrungen behielt Marlene bei. Fenster und Türen blieben vergittert. Die Immigrationsbehörde riet Marlene damals – aus für sie nicht einleuchtenden Gründen –, sie solle ihre beiden deutschen Dienstmädchen nach Berlin zurückschicken. Sie hielten es für nicht angebracht, Fremde im Haushalt zu beschäftigen. Die Dietrich reagierte spontan mit der ihr eigenen Loyalität. Sie habe, erwiderte sie, letzthin elf Amerikaner angestellt, von denen neun zum Schutz gegen die Gefahren eines in Amerika lebenden Ausländers vonnöten waren. Die Behörde ließ sie gewähren.

Marlene gab sehr selten große Gesellschaften. Das entsprach nicht den Maßstäben Hollywoods. Sie empfing stets nur eine kleine Anzahl von Freunden. Unter ihnen war meistens auch Maurice Chevalier. Er hatte ihr während der Entführungsgeschichte treu zur Seite gestanden. Sie hatten sich in den Studios der Paramount kennengelernt.

»Anfangs waren wir einfach arbeitende Kollegen im selben Studio«, berichtete Chevalier. »Bald wurden wir aber sehr gute Freunde. Sie lud mich häufig ein und kochte herrliche deutsche Gerichte für mich. Ach, kann Marlene kochen. Sie half allen Menschen. Geld spielte keine Rolle bei ihr. Sie hat eben Charakter …«

Marlene gab damals ein Interview, das die Aussage von Chevalier bestätigt. Sie wurde gefragt, ob es der Ruhm oder das Geld war, das sie nach Hollywood gelockt hatte.

»Ich bin hierher gekommen«, antwortete sie, »um mit Herrn von Sternberg zusammen zu arbeiten. Ich bin nicht sehr stolz darauf, Filmstar zu sein. Verglichen mit anderen Berufen, scheint meine Arbeit doch recht unwichtig zu sein.«

»Was?! – Sie halten es nicht für das Wichtigste, was sie bis heute erreicht haben?«

»Ich habe ein Kind«, erwiderte sie, »und habe ein paar Menschen glücklich gemacht. Das ist alles …«

Die Freundschaft zwischen Marlene und Chevalier brachte die Gerüchteküche Hollywoods wieder zum Brutzeln. Hatte Chevalier in Paris zu tun, machte er einen Besuch bei Marlenes Schneider und brachte Marlene die in Auftrag gegebenen Kleider mit nach Hollywood. Sieber hielt sich in Europa auf, und Chevalier und Marlene wurden häufig in Restaurants und Nachtlokalen zusammen gesehen. Anlaß genug, auf ein neues Dreiecksverhältnis zu tippen.

»Nur selten war ein Star so sehr Zielscheibe bösartiger Gerüchte wie Marlene«, erinnerte sich der Drehbuchautor Jules Furthman. »Und doch habe ich sie in all den Jahren nie ein böses Wort über einen anderen Menschen sagen hören. In diesem Punkt konnte sich keiner mit ihr messen. Sie hat das alles hingenommen als lästige Nebenerscheinung ihrer Filmkarriere.«

Sternberg kehrte nach Amerika zurück und plante mit Marlene den nächsten Film, *The Scarlet Empress* (*Die große Zarin; Die scharlachrote Kaiserin*). Das Thema war das Leben Katharinas der Großen, wie sie es in ihren Tagebüchern geschildert hatte.

In der Zwischenzeit hatte die Paramount beschlossen, Marlene unter einem anderen Regisseur arbeiten zu lassen. Man bot ihr den Film *Song of Songs* an, der später in Österreich unter dem Titel *Das hohe Lied* laufen sollte. Die Regie sollte Rouben Mamoulian übernehmen. Marlene war zunächst nicht davon begeistert, unter einem anderen Regisseur zu spielen, aber auch Sternberg redete ihr zu, und so nahm sie das Angebot an.

Rouben Mamoulian, ein gebürtiger Amerikaner, war ein begabter Regisseur, ein Mann mit viel Geschmack und Fantasie, der am Broadway gearbeitet und die Originalfassung von *Porgy and Bess* inszeniert hatte, bevor er 1928 nach Hollywood kam. Er hatte sich mit seinem hervorragenden Horrorfilm *Doctor Jekyll and Mister Hyde* (1932) einen Namen als Filmregisseur in Hollywood gemacht. Frederic March spielte die Hauptrolle und erhielt dafür einen ›Oscar‹. Im selben Jahr inszenierte Mamoulian mit ebensoviel Erfolg das Musical *Love Me Tonight* mit Jeanette MacDonald und Maurice Chevalier.

*Song of Songs* war die Geschichte eines Bauernmädchens, das zuerst Bildhauermodell, dann Gesellschaftsdame und schließlich Sängerin wird. Von dieser Geschichte gab es schon zwei Stummfilmversionen mit Pola Negri und Elsie Ferguson. In der Tonfilmversion nun mit Marlene spielte Brian Aherne die männliche Hauptrolle. Aherne war ein vielbeschäftigter New Yorker Bühnenschauspieler, der bislang alle Hollywood-Angebote ausgeschlagen hatte.

*Damals auch in Amerika aufsehenerregend: eine Frau in Männerkleidung. Marlene Dietrich 1933 in Los Angeles zusammen mit Maurice Chevalier und Gary Cooper.*

Die Zusammenarbeit zwischen Mamoulian und Marlene zu *Song of Songs* soll nicht gerade sehr erheiternd gewesen sein. Einer Legende zufolge soll Marlene vor jeder neuen Szene ins Mikrophon gehaucht haben: »Jo, wo bist du, jetzt, wo ich dich brauche?« (Sternberg hielt sich gerade in Europa auf.) Marlene gab später zu, während der Dreharbeiten sich zeitweise »schrecklich benommen« zu haben, »aber ich war damals sehr unglücklich mit diesem Film«.

Für eine Drehbuchszene wurde die Statue der nackten Hauptdarstellerin verlangt. Der italienische Bildhauer Scarpatti, der auch schon Mussolini modelliert hatte, fertigte sie an. Als *Song of Songs* dann später in den Kinos angelaufen war, trafen bei der Paramount Briefe aus aller Welt ein. Sie beschäftigten sich sämtlich mit der Frage, ob Marlene dem Künstler wirklich nackt Modell gestanden habe. Obgleich Marlene Scarpatti in seinem Atelier besucht hatte, lautete die züchtige Antwort, es handle sich um das Ergebnis ›künstlerischer Inspiration‹.

Eines Tages stand Brian Aherne im Atelier neben der Statue und wartete auf sein Stichwort. Ein leichtes Erdbeben erschütterte die Stadt. Aherne sah, wie die Statue leicht ins Schwanken geriet, stürzte auf sie und fing sie im Fall auf. Mit ironisch heldenhafter Geste preßte er sie an seine Brust. Im Hintergrund rief jemand: »Hast die falsche Dietrich gerettet!«

*Song of Songs* erhielt wesentlich bessere Kritiken als Sternbergs *Blonde Venus*. 1965 schrieb Joe Hembus in ›Cinema‹ in einem Artikel über die Regiearbeit Rouben Mamoulians: »Mamoulian hat in *Song of Songs,* Marlenes bester Film nach *Der große Bluff,* das erreicht, was Sternberg verkrampft und mit übergroßer Anstrengung immer versucht hat. Ganz klar, Mamoulian hat es einfach gekonnt.«

Nach *Song of Songs* machte die Paramount Marlene das Angebot, die Rolle der großen Zarin Katharina in dem Fim *The Scarlet Empress* zu spielen. Marlene unterschrieb den Vertrag unter der Bedingung, daß Sternberg Regie führen würde. Propheten, die voraussagten, Marlene würde auf einen anderen Regisseur, möglicherweise auf Mamoulian umsatteln, hatten sich getäuscht.

Ein Jahr zuvor hatte die Garbo die Königin Christine gespielt und Elisabeth Bergner Katharina die Große. Das war eine Konkurrenz, gegen die es anzukommen galt. Die Paramount und Sternberg wollten sich nicht lumpen lassen und planten mit *The Scarlet Empress* einen großen Ausstattungsfilm.

Die Rolle der Prinzessin Sophia Frederica, der späteren Katharina, forderte Marlenes schauspielerisches Können heraus. Und das war die Geschichte des Films: Die junge Prinzessin wird gegen ihren Willen mit dem debilen Großfürsten Peter verheira-

*Marlene Dietrich und Gavin Gordon in ›The Scarlet Empress/Die schar-*
*lachrote Kaiserin/Die große Zarin‹, 1934.*

tet. Ihre Liebhaber sucht sich Sophia unter den Fürsten und
ihrem Personal. Sie gebiert bald darauf den erwarteten Thron-
folger. Als die alte Zarin stirbt, will der betrogene Ehemann,
Großfürst Peter, die treulose Frau ermorden lassen. Aber die
Geistlichkeit und das Heer schlagen sich auf ihre Seite, und sie
wird Zarin von Rußland. – Keine leichte Rolle. Marlenes Toch-

ter spielte die kleine Sophia. Als Darsteller verpflichtete die Paramount John Lodge, Sam Jaffe, Louise Dresser, C. Aubrey Smith und viele andere. Die Ausstattung war sündhaft teuer und bis ins Letzte ausgeklügelt. Sternberg bezeichnete seinen Film als »einen schonungslosen Ritt in die Stilistik«. Der Schweizer Bildhauer Ballbusch und der deutsche Maler Richard Kollorsz sorgten für die Ausstattung und den byzantinischen Stil. Der Palast des Zaren wurde bis ins kleinste Detail in den Paramount-Studios erstellt. Die Kostüme waren unbeschreiblich extravagant. Es wurde geraunt, daß eines von Marlenes Kostümen mit dreitausend Dollar versichert worden war.

»Ich hatte nicht so recht das Anliegen«, erklärte Sternberg, »authentisch zu sein. Vielmehr wollte ich etwas Schönes schaffen, was Augen und Sinne erfreuen sollte.«

Für diesen Film scheute die Paramount keine Kosten. Doch der Erfolg beim Publikum stellte sich nicht ein. Die Kritiken waren verheerend.

»Von Bild zu Bild«, schrieb ein Kritiker, »hat von Sternberg der Dietrich alles Leben ausgesaugt. Der Film ist ein greuliches Durcheinander verschiedener Szenen, voller bizarrer Wasserspiele à la Notre Dame und voller konfuser Episoden und einer vagen Schauspielerei, daß man oft überhaupt nicht weiß, was eigentlich passiert. Durch dieses Labyrinth wandelt unbeschadet diese aufregend wunderschöne Marlene Dietrich. Jammerschade um diese Frau, die unter der richtigen Regie eine hervorragende Schauspielerin sein könnte, die aber von Sternberg immer mehr verdorben wird, weil sie Sternberg jedes Wort glaubt und ihre eigene Persönlichkeit nicht einsetzt ...«

Damals konnte ein Regisseur kommerzielle Mißerfolge und Meinungsverschiedenheiten mit seinen Produzenten weit besser überleben als heutzutage. Heute scheint die Geschichte der Sternberg-Dietrich-Filme, mit den Augen Hollywoods gesehen, etwas eigenartig. Man denke, ein großes Studio erlaubt einem ihrer wichtigsten Stars, weiterhin mit einem Regisseur zu filmen, der sich immer mehr zum Ästhetizismus und immer mehr weg vom kommerziellen Erfolg entwickelt. *Blonde Venus* war noch halbwegs ein Kassenerfolg. *The Scarlet Empress* dagegen fast eine Katastrophe. Wurde auch die visionäre Schönheit und technische Geschicklichkeit des Films gepriesen, so doch sein Mangel an Dramatik einstimmig verdammt.

Marlenes Abhängigkeit von Sternberg war für viele ein Rätsel.

*Prominentes Premierenpublikum: Cecil B. De Mille, Marlene Dietrich, Clark Gable und Jesse Lasky (von links), 1936 im Lux Theater in Hollywood.*

Kurz vor dem Beginn der Dreharbeiten von *The Scarlet Empress* äußerte sich Marlene darüber in einem Interview: »Mir selbst liegt am Filmen überhaupt nichts. Es ist mir nicht lebenswichtig. Aber ich bin glücklich mit Herrn von Sternberg, weil ich mich auf ihn verlassen kann. Wie soll ich wissen, was ein anderer Regisseur mit mir anfangen kann? Ich arbeite, wenn Herr von Sternberg mich darum bittet, ganz einfach weil ich weiß, was er für mich und mit mir tun kann, und nicht wegen irgendeines ›Svengali-und-Trilby-Tricks‹. Ich bin ihm sehr ergeben, aber meine Ergebenheit ist rein vernunftsmäßig. Wenn man einem bedeutenden Menschen begegnet, ist man ihm eben ergeben. Er hat keine Geduld mit dummen Leuten, und wenn ich dumm wäre, hätte er keine Geduld mit mir. Was ich durchaus verstehe. Warum sollte er seine Zeit verschwenden?«

Nachdem *The Scarlet Empress* in Verleih gegangen war, verließ B. P. Schulberg die Paramount und ging zur Columbia. Es wurde gemunkelt, die New Yorker Aktionäre hätten ihm seine Toleranz gegenüber Sternberg und seine Nachgiebigkeit gegenüber Marotten der Dietrich übelgenommen. Doch trotz aller Schwierigkeiten und allem Ärger waren Schulberg und Sternberg Freunde geblieben. Schulberg glaubte trotz der letzten finanziellen Fehlschläge an Sternbergs Talent.

Ernst Lubitsch, der Nachfolger von Schulberg, war bereits bekannt in Hollywood durch seine witzigen und geistreichen Musikkomödien. Seine Ankunft änderte im Konzept der Paramount wenig, und als von Sternberg mit Marlene Dietrich einen neuen Film drehen wollte, stimmte er zu. Lubitsch überredete die Dietrich, einen Langzeitvertrag mit der Paramount zu unterzeichnen.

Bei dem nächsten Filmprojekt, das Marlene und Sternberg planten, handelte es sich um *Capriccio Espagnol* (*Die spanische Tänzerin*, 1935) nach dem dekadenten Roman ›La femme et le pantin‹ von Pierre Louys. 1920 hatte man diesen Roman mit Geraldine Farrar als die skrupellose Verführerin Chonchita Perez bereits verfilmt. Auf den Wunsch von Lubitsch wurde der Film in *The Devil Is A Woman* (*Der Teufel ist eine Frau*) umbenannt. Das Drehbuch wurde von dem berühmten Romancier, Lyriker und Dramatiker John Dos Passos geschrieben. Als Marlenes Partner war Joel McCrea engagiert worden, aber nach einer Woche warf er seine Rolle hin und erklärte, mit Sternberg nicht arbeiten zu können. »Jegliche Spontaneität«, beklagte er sich, »wird einem durch diese Art, Regie zu führen, genommen!«

Sternberg ließ das kalt, und er besetzte die Rolle mit Cesar Romero. Bei diesem Film zeichnete Sternberg selbst für die Arbeit an der Kamera verantwortlich, assistiert von Lucien Ballard. Für seine letzten zwei Filme hatte Sternberg für die Regie wenig Lob einstreichen können, während die Kamera immer über den grünen Klee gelobt wurde. Diese Lorbeeren wollte er nun selbst einmal ernten. Sternberg war besessen von Licht- und Schatteneffekten. Er wußte wahrscheinlich ebensoviel von der Arbeit an der Kamera wie Hollywoods beste Kameraleute. Ganz gleich, mit welchem Kameramann er arbeitete, der visuelle Stil seiner Filme war unverwechselbar.

*Zum letzten Mal unter der Regie Josef v. Sternbergs: Marlene Dietrich als Concha Perez in ›The Devil Is A Woman/ Die spanische Tänzerin‹, 1935.*

Während der Dreharbeiten teilte von Sternberg der Presse mit, *The Devil Is A Woman* sei der letzte Film, den er mit Marlene Dietrich zu drehen gedenke.

»Frau Dietrich und ich sind miteinander in der Arbeit so weit gegangen, wie es uns möglich war. Und eine weitere Zusammenarbeit würde weder ihr noch mir nützen. Wenn wir weiterhin zusammen arbeiteten, würden unsere Filme starr werden, was für uns beide gefährlich werden könnte.«

Marlene erfuhr von diesem Vorhaben erst aus der Zeitung und weigerte sich tagelang, mit Sternberg zu sprechen. Doch dann, so schien es, geriet alles wieder ins Lot, und die Arbeit konnte fortgesetzt werden.

Das Endergebnis war ein Film, der alle Markenzeichen Sternbergs trug. Marlene war von hinreißender Schönheit, bezaubernder als je zuvor. Die spanischen Kostüme mit Rüschen und Spitzen standen ihr ausgezeichnet. Später nannte sie *The Devil Is A Woman* ihren Lieblingsfilm. Fragte man sie nach dem Grund, antwortete sie: »Weil ich mich darin schöner finde als in allen meinen anderen Filmen.«

Die Kritiker lobten den Film. »Ich halte *The Devil Is A Woman* für das beste Ergebnis der Kombination Sternberg-Dietrich seit dem *Blauen Engel*«, schrieb André Sennwald in ›The New York Times‹. Aber das Publikum lehnte ihn ab.

Hinzu kam noch ein anderes Mißgeschick, das die Arbeit an diesem Film mit einem Mißton enden ließ. Die spanische Regierung war durch einen ehemaligen Paramount-Angestellten informiert bzw. auf diesen Film besonders hingewiesen worden. Sie sah in dem Film eine Verächtlichmachung Spaniens. Die Paramount wurde aufgefordert, sämtliche Kopien des Films zurückzuziehen und zu zerstören, darüber hinaus sollte auch noch das Negativ vernichtet werden, andernfalls würde das spanische Büro der Paramount geschlossen, die Auswertung von Filmen dieser Firma in Spanien somit verhindert werden. Am 11.11.1935 ging die Paramount auf diese Forderung ein, das Negativ wurde aber offensichtlich nicht vernichtet, da bis heute noch Kopien vorhanden sind. Eine Kopie besitzt Marlene Dietrich.

# Marlenes Verwandlung

Sternbergs Kunstfigur Marlene Dietrich verwandelte sich unter der Führung von Ernst Lubitsch in ein menschliches und nahbares Wesen. Eines seiner Ziele war es, die ›femme fatale‹ der Dietrich wiederzubeleben und sie mit der Realität der Gegenwart zu konfrontieren.

Sternbergs Filme hatten, obwohl sie eigentlich in der Gegenwart spielten, immer etwas von einem ›Nirgendwoland‹. Jene Schlösser in Rußland, Straßen in Sevilla waren von dem heutigen Wien oder Peking viel zu weit entfernt. Infolge seiner Faszination durch Marlenes hinreißenden trägen Zauber hatte Sternberg sie von der Umgebung vollkommen isoliert. In ihrer Nähe verloren alle Räume, Gegenstände und Menschen ihr Eigenleben – wurden zur Staffage, zum Dekor nur für sie. Mit ihren Kostümen verhielt es sich ähnlich. Sternbergs Filme waren eine Hommage an Marlenes außerordentliche körperliche Schönheit, dargebracht von einem Mann mit ungewöhnlichem Geschmack. Er hatte sie auf eine Reihe von exquisiten Piedestalen gehoben, und nun sollte sie heruntersteigen zu den Irdischen.

Die Fantasie des Publikums war durch die Sternberg-Filme außerordentlich angeregt worden. Das Publikum wollte mehr von ihr sehen als superb fotografierte Großaufnahmen und üppige Kostüme.

Lubitsch buchte für sie eine elegante leichte Komödie, *Desire* (*Sehnsucht*), mit Gary Cooper und John Halliday, die von Frank Borzage inszeniert wurde. Marlene spielte eine internationale Juwelendiebin, die der Mann, in den sie sich verliebt, wieder auf den rechten Weg bringt.

›Die nette Dietrich‹ wurde ein Erfolg. Der Film kam beim Publikum an. Aus der ›femme fatale‹ war in jeder Beziehung eine Frau von Welt geworden. Das große Geheimnis hinter diesen eleganten und einzigartigen Gesichtszügen war einfach, daß sie Halsketten in den besten Kreisen stahl, um sich über Wasser halten zu können.

Marlene war nicht die einzige, die sich über diese Rolle königlich amüsierte.

Sternberg hatte sich mittlerweile mit Schulberg bei der Colum-

*Sir Harry Lauder, Marlene Dietrich und Ernst Lubitsch.*

bia zusammengetan, wo er eine Filmversion von *Schuld und
Sühne* mit Peter Lorre als Raskolnikow drehte. Als der Film angelaufen war, wiesen alle Kritiker darauf hin, daß Marian Mash,
die die weibliche Hauptrolle spielte, ebenso von Sternberg geführt worden war wie einst Marlene.

Marlenes nächster Film wurde von Lubitsch arrangiert. Er lieh
sie an den Produzenten David O. Selznick aus, damit sie neben

*In ›Desire/Sehnsucht/Perlen zum Glück‹, 1936, Produktion Ernst Lubitsch, war Gary Cooper zum zweiten Mal Marlene Dietrichs Partner.*

Charles Boyer und Basil Rathbone in dem Film *The Garden of Allah* (*Der Garten Allahs,* 1936) mitspielen konnte.

Dieser Film, ihr erster Farbfilm, berichtete von der etwas unglaubwürdigen Begegnung einer weltmüden amerikanischen Frau, die nach dem Tod ihres Vaters Trost und Zuflucht in einer Oase in der Sahara sucht, bei einem aus einem Trappistenkloster geflohenen Mönch. Den Prophezeiungen eines Wahrsagers und den Warnungen eines Priesters zum Trotz heiratet sie den

*Charles Boyer war Marlene Dietrichs Partner in ›The Garden Of Allah/
Der Garten Allahs‹, 1936. Es war ihr erster Farbfilm für den sie 200.000$
Gage erhielt.*

von Selbstzweifeln gequälten Mönch. Alsbald entdeckt sie, daß
der Bruch des Gelübdes auf seinem Gewissen lastet. Nur die
Rückkehr zu seinen Glaubensbrüdern kann seine Seele mit
Gott versöhnen. An der Pforte des Klosters trennen sich der
Mönch und die Frau für immer.
Der Film lebte hauptsächlich von seinen zwei Stars Marlene
Dietrich und Charles Boyer. Sie verschafften *The Garden of Al-
lah* einen bescheidenen Erfolg. Ansonsten bewegte sich dieser
Filmstreifen am Rande des Lächerlichen. Die Ausstattung und
die alberne Wüstenatmosphäre wirkten wie eine Parodie auf
einen von Sternbergs Filmen.
Die Wüstenszenen wurden in Arizona gedreht. Die entsetzliche

*Auf der Flucht: Robert Donat mit Marlene Dietrich in ›Knight Without Armour/Tatjana/Ritter ohne Rüstung, 1937.*

Hitze und die Sandstürme machten den Schauspielern sehr schwer zu schaffen.

»Diese Hitze machte ein paar von unseren Leuten krank«, entsann sich Marlene. »Auch mich hat es einmal erwischt. Vielleicht erinnern Sie sich noch an eine Szene, in der Basil Rathbone vom Pferd springt, um mich vor dem Zelt zu begrüßen. In dieser Szene bin ich ohnmächtig geworden und erst wieder nach ein paar Minuten zu mir gekommen. Ich dachte schon, ich hätte einen Sonnenstich.«

Das war das zweitemal, daß Marlene am Drehort schlappgemacht hatte. Bei den Aufnahmen zu *Morocco* war es ihr ähnlich ergangen. Als sie damals wieder zu sich kam, wollte sie jemand mit Wasser besprengen. Aber sie dachte an ihr Make-up. »Machen wir noch eine Nahaufnahme, ›close-up‹?« fragte sie Sternberg.

»Es heißt ›close-up‹ und nicht ›klotz-up‹«, erwiderte Sternberg.

Nach *The Garden of Allah* erhielt Marlene ein Angebot von Alexander Korda, ihrem ehemaligen UFA-Regisseur. Der Film sollte in England gedreht werden. Ironischerweise mußte Sternberg zur selben Zeit ein Filmprojekt für Korda aufgeben. Es ging um den Film *Ich, Claudius*. Die unselige Marle Oberon hatte sich bei einem Autounfall verletzt. Aus vertraglichen Gründen war es unmöglich, mit einer anderen Schauspielerin weiterzudrehen.

Der Film, den Korda Marlene Dietrich vorschlug, war eine Filmfassung von James Hiltons Roman ›Knight Without Armour‹. Der Film lief unter dem Titel *Tatjana* in Deutschland. Die Regie sollte Jacques Feyder übernehmen. Um den Roman für den Film zu adaptieren, hatte man Frances Marion engagiert. Marlene freundete sich mit ihr an. Die männliche Hauptrolle spielte Robert Donat. Frances Marion und Marlene luden ihn eines Nachmittags zum Tee ein. Frances Marion erzählte, daß der Schauspieler von Marlenes Schönheit so verwirrt war, daß er zweimal seine Teetasse umstieß.

Als Marlene den Vertrag für diesen Film unterschrieben hatte und nach England reisen wollte, erlebte sie eine unangenehme Überraschung. Das Finanzamt der Vereinigten Staaten forderte eine beträchtliche Einkommensteuer von ihr. Solange sie die Zahlung nicht leistete, wollte man sich der Ausreise widersetzen. Nach einem langen Hin und Her gestattete man Marlene die Hinterlegung von Schmuck im Werte von 28.000 Pfund. Nach diesem unliebsamen Zwischenfall konnte sie sich erleichtert auf der ›Normandie‹ nach England einschiffen.

Es sollte noch einige Jahre dauern, bis dieser Streit mit der Steuerbehörde endgültig beigelegt werden konnte. Marlene ging als Siegerin daraus hervor. Das Finanzamt hätte auf den naseweisen Kritiker hören sollen, der einmal geschrieben hatte: »Marlene vermittelt mir das Gefühl, wenn es um Geldgeschäfte geht, immer zwei Schritte voraus zu sein.«

Marlene mußte schließlich 95.000 Pfund zahlen. Man ließ nicht nur die Forderung einer größeren Summe fallen, sondern gab öffentlich bekannt, daß der Schauspielerin Marlene Dietrich versehentlich zuviel abverlangt worden sei. Der Fiskus hatte sie wieder reingewaschen.

# Marlene in England

Die Marlene, die im Mai 1936 in England ankam, um *Tatjana* zu drehen, glich mehr denn je der Marlene aus *Sehnsucht* als der aus den Sternberg-Filmen.

Als die Reporter sie bei der Ankunft auf dem Londoner Flughafen bestürmten, beantwortete sie ihre Fragen fröhlich und ein wenig ironisch. Als man sie fragte, ob sie gerne reise, sagte sie, es gefiele ihr, die Szene zu wechseln. Als man sie darum bat, ihre Ansichten über Männer zu äußern, meinte sie: »Ich wäre lieber ein Mann, denn Männer haben einen klareren Kopf und verfügen über mehr Verstand. Es ist nicht vorteilhaft, eine Frau zu sein.«

Damals sprach ganz England über die Affäre Eduards VIII. mit Mrs. Simpson. Kurz darauf dankte der König von Großbritannien ab und heiratete als Herzog von Windsor Wallis Simpson. In der Nacht, ehe die Neuigkeit in der Zeitung stand, probte Marlene mit Douglas Fairbanks jr. auf der Bühne für eine amerikanische Wohltätigkeitsveranstaltung. Edward G. Robinson, der auch in dieser Show auftreten sollte, tauchte plötzlich mit der Zeitung auf, deren Schlagzeile lautete:

KÖNIG DANKT WOMÖGLICH HEUTE AB!

Das reichte aus, um die Probe zu unterbrechen, und die ganze Truppe fing an, die Neuigkeit zu diskutieren. Die Dietrich las die Geschichte und wandte sich an Fairbanks.

»Doug«, sagte sie, »ruf den König an und sag ihm, wir kommen jetzt gleich ins Belvedere. – Du hast doch seine Nummer, oder?«

Fairbanks und die anderen waren verständlicherweise etwas verblüfft.

»Das geht doch nicht«, wehrte er ab.

Marlene ließ nicht locker. Sie glaubte offenbar, König Eduard von seinem Vorhaben abbringen zu können. Sie war tatsächlich fest dazu entschlossen, den König umzustimmen. Am nächsten Tag machte sie sich auf zum Fort Belvedere, wurde aber am Eingang mit der Begründung abgewiesen, eine Audienz wäre leider nicht möglich.

In London fand Marlene viele Freunde – Douglas Fairbanks jr., Noël Coward, Cecil Beaton. Bei Vernissagen und Premieren traf man Marlene meistens in Gesellschaft von Fairbanks.

In London war Marlene ungemein erfolgreich. In den Denham-Studios, wo *Tatjana* gedreht wurde, gewann sie die Herzen des technischen Stabes im Fluge. Die Männer liebten ihren Humor und die Art, wie sie ihr Handwerk beherrschte. Dank ihrer technischen Erfahrung konnte sie richtige Vorschläge machen, was die Ausleuchtung oder die Kostüme betraf. »Sie ist leicht zu führen, versteht und begreift auf der Stelle; wenn man mit ihr arbeitet, gibt es keinen Leerlauf«, bemerkte Jacques Feyder.

Für jeden guten Vorschlag erhielt Marlene von den Technikern einen Penny. »Ein guter Nebenverdienst«, meinte die Dietrich, »wenn man nicht anspruchsvoll ist.«

Ihre Leib-und-Magen-Maskenbildnerin aus Hollywood, Wally Westmore, hatte Marlene nicht begleitet. Als sie hörte, daß Marlene einige Liebesszenen zu drehen hatte, kabelte sie nach London an Korda: »Um Himmels willen, achtet bloß auf ihr Make-up. Sie braucht nach jedem Kuß einen neuen Mund. Die Dietrich ist die wildeste Küsserin der Welt!«

Der Kameramann Jack Cardiff erzählte von einer Badeszene, die das gesamte Atelier in Aufregung versetzte. Marlene war in einem weißen Bademantel erschienen, im Schlepptau zwei hilfreiche Geister mit Handtüchern. Eigentlich sollte sie ein fleischfarbenes Trikot tragen, was sie aber abgelehnt hatte. Das Interesse der Techniker war plötzlich unglaublich groß, als Marlene auf die mit Schaumbad gefüllte Marmorbadewanne zuging. Feyder drehte mehrere verschiedene Einstellungen, und Marlene war jedesmal für kurze Augenblicke völlig nackt. Nach der letzten Einstellung stieg sie vorsichtig aus der Wanne, glitt aus und fiel hin. Alle waren so perplex, daß da die schönste Frau der Welt vor ihnen auf dem Boden lag, daß ihr keiner zu Hilfe kam. »Wir waren alle viel zu geniert«, kommentierte Cardiff, »um ihr zu helfen, und so humpelte sie nackt in ihre Garderobe, begleitet von ihrer Friseuse und zwei erröteten Garderobieren. Gott sei Dank hatte sie sich nicht ernsthaft verletzt.«

Während der Dreharbeiten erhielt Marlene die erschütterndsten Nachrichten aus Deutschland und Österreich. Man sprach davon, daß sie ein Vermögen ausgab, um von den Nazis verfolgten Freunden zu helfen. Mit Flugtickets und finanzieller Unter-

*Marlene Dietrich in ›Knight Without Armour/Tatjana/Ritter ohne Rü-stung‹, 1937.*

stützung verhalf Marlene guten Freunden und Kollegen dazu, sich in England und Amerika in Sicherheit zu bringen.
Die blonde Schauspielerin Mady Soyka, die Marlene eines Ta-ges in ihrer Garderobe dringend zu sprechen wünschte, war über Marlenes Unterstützungskampagnen nicht informiert.

Marlene kannte Mady Soyka noch aus Berlin und schien sich über das Ansinnen, daß gerade diese Frau sie sprechen wollte, zu amüsieren. »Das kann ja interessant werden«, äußerte sie zu Frischauer, einem deutschen Journalisten und Freund ihres Mannes. Marlene hatte tatsächlich richtig getippt.

Mady Soyka war als Botschafterin von Dr. Josef Goebbels nach London gekommen, in der Absicht, Marlene zu überreden, nach Deutschland zurückzukehren. Mit der Rückkehr Marlenes wollte er offenbar das Image des Films im Dritten Reich ein wenig aufmöbeln. Ihm schien viel daran gelegen, denn sein Angebot lautete: Für jeden Film 50.000 Pfund in jeder Währung, steuerfrei, freie Wahl der Geschichte, des Hauptdarstellers, des Regisseurs und eine Option für drei weitere Filme unter denselben Voraussetzungen. Marlene lehnte entsetzt ab.

Mady Soyka kehrte unverrichterdinge nach Berlin zurück. Trotzdem erhielt sie einen wichtigen Posten im Propagandaministerium der Nazis. Während der deutschen Besetzung in Paris wurde sie kurz vor Ende des Krieges von französischen Widerstandskämpfern erschossen.

Angeblich soll sich sogar Hitler um sie bemüht haben und ihr einen Weihnachtsbaum nach Hollywood geschickt haben.

An drehfreien Wochenenden reiste Marlene häufig von London nach Paris, um den Schriftsteller Erich Maria Remarque zu besuchen.

In London sah man sie zu jener Zeit meist in Begleitung von Fairbanks jr. oder Cecil Beaton, dem Bühnenbildner und englischen Hoffotografen. Von Beaton existieren auch einige bezaubernde Fotos von Marlene, doch diese Verbindung schien sich nach einiger Zeit etwas abgekühlt zu haben. In seinem Buch ›Cecil Beaton's Scrapbook‹ veröffentlichte er einige wenig schmeichelhafte Eindrücke von ihr.

»Wohl das auffallendste an ihrem Aussehen ist«, schrieb er, »wie weißhäutig sie ist. Sie beschämt buchstäblich den Mondschein oder das weiße Kaninchen. Dazu kommt, daß sie behauptet, sie benutze Puder, der noch eine Nuance dunkler sei als ihre Haut. Statt Augenbrauen hat sie sich Schmetterlingsfühler an die Stirn geklebt … Sie ist auch dicker, als man sie sich gemeinhin vorstellt. Ihren Kopf trägt sie so heroisch auf angehobenen Schultern. Um ihre Hände länger erscheinen zu lassen, hat sie sich die Fingernägel zwei Inches lang wachsen lassen …

Aber sie im Detail zu beschreiben, muß danebengehen. Sie fühlt sich so schön, daß es ihr gelingt, auch andere Leute davon zu überzeugen, daß sie es wirklich ist. – Ebenso verhält es sich mit ihrer mimischen Palette von affektierter Verblüffung und Staunen, mit ihren angefeuchteten Lippen und dem langsamen Schulterheben, den traurigen Augen, die in einem Rahmen aufgemalter Pilzfarbe schwimmen, mit den immer etwas geschwollenen Augenlidern, die so aussehen, als wolle sie alle Augenblicke niesen ...

In Salzburg habe ich sie einmal besucht. Meine Kamera hatte ich dabei. Sie hatte sich eine Erkältung zugezogen und kein Make-up aufgelegt. Trotzdem sprang sie aus dem Bett und posierte in jeder möglichen Stellung für mich. Etwa zwei Dutzend Aufnahmen sind dabei entstanden, die in einer flehenden Haltung gipfelten, die sie auf dem Boden einnahm, Kopf ans Tischtuch gelehnt, sternäugig, Lippen halb geöffnet, sehnsuchtsvoll hinaufhimmelnd zu den leeren Teetassen und den Krümeln des Marzipankuchens.«

Beaton schließt, indem er alle ihre Filme abtut und seiner Hoffnung Ausdruck verleiht, Marlene Dietrich möge sich endlich von jenem übertriebenen Reklamezauber Hollywoods abwenden, um sich Dingen zuzuwenden, die ihrer ›Schönheit und Sensibilität‹ entsprächen.

Dieser Artikel wurde in einer bekannten Tageszeitung unter der Überschrift ›Absage an die Stars von Hollywood‹ veröffentlicht.

Ehe Marlene England verließ, besuchte sie das Kinderkrankenhaus in The Great Ormond Street.

»Wäre ich nicht Schauspielerin geworden, hätte ich den Beruf einer Krankenschwester gewählt«, sagte sie. »Ich glaube, es muß ein herrliches Gefühl sein, anderen Menschen zu helfen.«

Als sie die Krankenstation mit einer Schwester betrat, zückten die Kinder aufgeregt ihre Autogrammbücher. Ein kleines Mädchen, Myfanwy Ewans, stapfte ihr mit einem Strauß roter Rosen entgegen und begann vor Aufregung zu weinen.

Marlene nahm sie auf den Arm und tröstete sie, indem sie beruhigend auf sie einredete. »Mein kleines Mädchen, Maria, möchte gern Ärztin werden und interessiert sich auch für den Schwesternberuf. Ich wollte mir alles ansehen, um ihr davon zu erzählen.«

# Der große Bluff

Als Marlene 1937 nach Hollywood zurückkehrte, bemühte sie sich um die amerikanische Staatsbürgerschaft, die sie zwei Jahre später erhielt. Im November 1939 durfte sie zum erstenmal wählen.

In dem deutschen Hetzblatt DER STÜRMER erschien ein Foto von Marlene, das sie bei der Vereidigung zeigte. Der Bildtext lautete: ›Die aus Deutschland stammende Filmschauspielerin Marlene Dietrich hat so viele Jahre bei den Kino-Juden von Hollywood verbracht, daß sie nun amerikanische Staatsbürgerin geworden ist. Auf dem Bild sehen wir sie bei der Vereidigungsszene in Los Angeles. Was der jüdische ›Richter‹ von dem gesetzlich vorgeschriebenen Eid hält, ergibt sich aus seiner Haltung: In Hemdsärmeln (!) nimmt er Marlene Dietrich den Eid ab, auf daß sie ihr Vaterland verrate.‹ – Marlene nahm diese Attacke mit Gelassenheit hin.

Der nächste Film, den Marlene drehte, war *Angel* (*Engel,* 1937). Diesmal wollte Lubitsch nicht nur als Produzent auftreten, sondern auch Regie führen. Herbert Marshall und Melvyn Douglas waren Marlenes Partner. Das Drehbuch war nach einem sehr einfachen Muster gestrickt. Ein Pariser Freudenmädchen mit dem Kosenamen *Engel* hat eine kurze Romanze mit einem jungen Mann. Die Zeit vergeht, und das Schicksal meint es gut mit ihr: Sie wird in England die Frau eines Diplomaten. Der junge Mann aus der Zeit ihres horizontalen Gewerbes trifft sie ganz zufällig wieder. Es kommt zu einem Tête-à-tête, sie werden dabei vom Ehemann überrascht, und nun steht sie vor der schweren Entscheidung, als ›Engel‹ oder als Diplomatenfrau weiterzuleben. Reumütig kehrt sie zum Diplomaten zurück.

Der Film wurde nur ein mäßiger Erfolg. *Angel* war Marlenes letzter Film bei der Paramount. Marlenes Stern begann zu sinken. Ihr Name zog nicht mehr. Die ›New York Times‹ schrieb damals über sie: »Jedesmal, wenn die Dietrich ihre künstlich verlängerten Augenwimpern hebt oder senkt, ist ein toter Punkt erreicht – und sie tut es etwa jede Minute, wie der starke Mann, der in einer Schaubude seine Zentnergewichte hebt.«

*Herbert Marshall (links), Marlene Dietrich und Melvyn Douglas, 1937 in
der Ernst Lubitsch – Produktion ›Angel/Engel‹.*

Sie hatte sieben Jahre bei der Paramount unter Vertrag gestanden und war einer der größten und berühmtesten Stars des Un-
ternehmens geworden. Nun verkündete die Paramount: »Es ist
ihr freigestellt, woanders zu arbeiten.«
1937 befand sich Marlenes Name auf der Starliste auf dem 126.
Platz. Ende desselben Jahres hatte eine Reihe von Filmverlei-
hern ein Inserat im ›Hollywood Reporter‹ veröffentlicht, das
die Namen der Schauspieler und Schauspielerinnen enthielt, die
als ›Gift für Kinokassen‹ galten. Marlenes Name war einer der
ersten, der genannt wurde. Außer ihr gehörten Joan Crawford,
Mae West, Katherine Hepburn und Fred Astaire dazu.
Marlene hatte nun in den folgenden zwei Jahren fast gar nichts

zu tun. In dieser Zeit bereiste sie fast ganz Europa – New York, London, Paris und die französische Riviera. Man traf sie im Casino in Monte Carlo und in Cannes. Mit Noël Coward lag sie am Strand und aß mit ihm im Restaurant, mit Somerset Maugham speiste sie am Cap Ferrat. Sie erweckte den Eindruck, als wolle sie das gesellschaftliche Leben, das sie einst ignoriert hatte, nun nachholen.

In London mietete sie eine Wohnung m Grosvenor Square. Eines Abends erhielt sie dort den Anruf des deutschen Gesandten Joachim von Ribbentrop. Nach einigen reizenden Komplimenten rückte er mit seinem wahren Anliegen heraus. Ebenso wie Mady Soyka damals, versuchte nun Ribbentrop, Marlene dazu zu überreden, zurück nach Deutschland zu kommen. Neben unglaublich großzügigen Angeboten finanzieller Art versprach er ihr einen triumphalen Einzug in Deutschlands Hauptstadt, wo sie sogar Hitler persönlich begrüßen sollte.

Als sie dieses Ansinnen ablehnte, bat sie der Diplomat, doch wenigstens mit ihm zu speisen, worauf sie ebenfalls dankend verzichtete.

In dieser Zeit der Flaute, anders kann man sie nicht bezeichnen, erinnerte sich Marlene an die Zeit in Berlin, als ihr die Zimmerwirtin Trude die Zukunft aus den Karten, dem Kaffeesatz und der Glaskugel geweissagt hatte. Seitdem glaubte sie an die Kraft und den Einfluß der Sterne auf ihr Leben.

Nach Hollywood zurückgekehrt, befreundete sie sich mit dem New Yorker Astrologen Carroll Righter. Zu seinen Klienten gehörten Mary Pickford und früher auch Caruso. Nachdem er ihr einige Beweise der Richtigkeit seiner Prognosen geliefert hatte, faßte Marlene keine schwerwiegenden Entschlüsse mehr, ohne Righter vorher befragt zu haben; ganz gleich, ob es sich um eine neue Liebesbeziehung, einen Vertrag oder eine Reise handelte.

Joe Pasternak, der seine Karriere Ende des Ersten Weltkrieges als Produktionsleiter bei der UFA in Berlin begonnen hatte und nun einer der führenden Hollywood-Produzenten war, bot Marlene die Rolle der Saloonsängerin Frenchy in der Western-Komödie *Destry Rides Again* (*Der große Bluff,* 1939) an. Friedrich Hollaender hatte für diesen Film die Lieder ›The Boys in the Backroom‹ und ›Little Joe‹ geschriebeen, die wesentlicher Bestandteil von Marlenes Repertoire bleiben sollten. Marlene zögerte, dieses Angebot anzunehmen, und suchte Rat bei Josef von Sternberg. Er riet ihr, den Vertrag schleunigst zu unterschreiben. »Was Pasternak machen will, wird sich als sehr wirksam zeigen. Ich habe dich als Göttin auf ein Podest gestellt. Er will dich nun herunterholen und auf einen Pferdesattel setzen. Ein vorzügliches Verkaufsargument.« Marlene befolgte seinen Rat, und das Ergebnis war ein einziger Triumph.

Ebenso wie für Marlene war es auch für ihren Partner James Stewart der erste Western und der Beginn einer neuen Karriere. ›Für Marlene Dietrich war es überhaupt die Rettung‹, schreibt Joe Hembus in seinem ›Western-Lexikon‹. ›Als Pieta-Figur in

*Herbert Marshall, Marlene Dietrich und Melvyn Douglas (von links) sind die Partner in der 1937 von Ernst Lubitsch inszenierten Dreiecksgeschichte. ›Angel/Engel‹, war jedoch nur ein mäßiger Publikumserfolg.*

*Sowohl für Marlene Dietrich als auch für Partner James Stewart war 1939
›Destry Rides Again/Der große Bluff‹ der erste Western.*

den Sternberg-Filmen war sie so völlig heruntergekommen, daß
sie sich schließlich auf Platz 126 der Box-Office-Liste fand und
zwei Jahre völlig von der Leinwand verschwand; in einer radika-
len Änderung ihres Images lag ihre letzte Chance. Sie spielte die

*Mit »Der tollste Boxkampf, der je gefilmt wurde!« warb 1939 die Verleih-firma für ›Destry Rides Again/Der große Bluff‹. Die Raufszene mit Una Merkel war der Start für eine »neue Dietrich«.*

Frenchy für eine Gage, die angeblich unter 50.000 Dollar lag – zuvor hatte sie 450.000 für einen Film bekommen. Nach *Destry Rides Again* fing das Publikum wieder an, sie zu lieben. ›Ich glaube, es war Lord Beaverbrook, der gesagt hat, Marlene Dietrich, wie sie in ihren schwarzen Strümpfen auf der Theke steht und ›See What the Boys in the Backroom will Have‹ schmettert, sei ein größeres Kunstwerk als die Venus von Milo. Ob man dem zustimmen will oder nicht – *Destry Rides Again* war der Start einer neuen Dietrich: rauh, laut und komisch‹ (Kenneth Tynan, NFT PROGRAMMSCHRIFT 1965).‹

Das Public Relations-Büro warb für diesen Film mit einer ganz bestimmten Szene, die es als ›Der tollste Boxkampf, der je gefilmt wurde‹ bezeichnete.

Diese Sequenz zeigte einen Kampf zwischen Una Merkel und Marlene Dietrich. Er begann mit den üblichen Kriterien einer Damenrauferei: Haareziehen, Kratzen, Beißen, und gipfelte darin, daß Marlene ihren Rock verlor und Una pitschnaß gespritzt wurde. Als sich der große Erfolg des Films abzeichnete, sagte Marlene lachend: »Wenn ich mir vorstelle, daß es nach all den Jahren eine Rauferei ist und nicht eine Liebesszene, die mich so berühmt macht ...«

Nach dem Erfolg von *Destry Rides Again* hatte Pasternak sofort einen neuen Filmstoff für Marlene zur Hand. Er bot ihr die Hauptrolle der Barsängerin in *Seven Sinners* (*Das Haus der sieben Sünden*, 1940) an. Es handelte sich um die feurige und rauhbeinige Sängerin Bijou eines Südseecafés, die sich in einen Offizier der amerikanischen Marine verliebt. Ihr Partner war John Wayne, mit dem man sie auch außerhalb des Ateliers häufig antreffen konnte.

Während der Dreharbeiten zu *Seven Sinners* teilte ihr der Astrologe Righter mit, daß Paris noch in diesem Jahr den Deutschen in die Hände fallen würde. Ihr erster Gedanke galt Erich Maria Remarque, den sie in einem Telegramm anflehte, Paris sofort zu verlassen. Er entkam tatsächlich ein paar Tage bevor die Deutschen in Paris einmarschierten.

Ein anderer Emigrant, der sich aus Frankreich nach Hollywood gerettet hatte, war der für seine heiter-melancholischen Liebesgeschichten und turbulenten Verwechslungskomödien berühmte Regisseur René Clair. Pasternak bot ihm 1940 den Film *The Flame of New Orleans* (*Die Abenteurerin*) an. *The Flame of New Orleans* war eine leichte und romantische Komödie, die im New Orleans von 1840 spielte. Marlenes Partner waren Bruce Cabot und Roland Young. Sie spielte eine Abenteurerin, die sich als Adlige ausgibt, den reichsten Junggesellen der Stadt umgarnt, kurz vor der Hochzeit ihren einstigen Geliebten trifft und mit

Broderick Crawford, Marlene Dietrich und Mischa Auer (von links) in
›Seven Sinners/Das Haus der sieben Sünden‹, 1940.

Réne Clair, Marlene Dietrich, Joe Pasternak und Josef von Sternberg (von
links), 1941.

*Marlene Dietrich als Abenteuerin Claire Ledaux mit Bruce Cabot als ihrem Geliebten Robert Latour in ›The Flame Of New Orleans/Die Abenteuerin‹, 1941.*

ihm auf und davon geht. Auch dieser Film war ein Publikumserfolg, wenn die Kritiken auch ziemlich lauwarm ausfielen. Trotzdem hatte es Marlene der Universal International zu verdanken, daß sie im Filmgeschäft wieder drin war.

Kurz nach der Beendigung der Dreharbeiten zu *The Flame of New Orleans* erhielt sie von Carroll Righter einen Anruf. Er bat sie, am nächsten Tag keinesfalls das Studio aufzusuchen. Doch Marlene hatte einen festen Termin und fuhr trotz Warnung ins Atelier. Sie stolperte über eine Kabelrolle und brach sich das Bein. Als sie zerknirscht Righter von ihrer Ungehorsamkeit berichtete, tröstete er sie mit der Prophezeiung, ihr Bein würde schneller heilen als zu erwarten war.

Marlene, die bald darauf in den Dreharbeiten zu *The Lady is Willing* steckte, hatte nicht die Absicht, diesen Film als Hinkebein zu spielen.

Sie bat Herbert Marshall, ihren Partner aus *Angel,* zu sich, der im Ersten Weltkrieg ein Bein verloren hatte und seine Karriere in Hollywood mit einer Prothese fortführte.

Er verbarg sein Handicap so geschickt, daß das Kinopublikum nie etwas bemerkte. Marlene ging bei Marshall kurz in die Lehre, und nach vierzehn Tagen war sie wieder auf den Beinen. Sie verbarg ihr Hinken mit so viel Geschick, daß fast niemand mehr an ihr Gipsbein dachte.

Als man den Gips entfernte, stellte sich heraus, daß das Bein wunderbar geheilt war.

*Während der Dreharbeiten zu ›The Flame Of New Orleans/Die Abenteuerin‹, 1940: Marlene Dietrich und Réne Clair.*

# Saloonherrin

1941 stand in allen amerikanischen Zeitungen, Marlene Dietrich wolle sich vom Filmgeschäft zurückziehen. Marlene hatte diesbezüglich ein Interview gegeben:
»Ich werde aufhören zu arbeiten. Jetzt habe ich noch die Chance, mein Leben ein wenig zu genießen. Ich habe es satt, immer nur andere Menschen zu unterhalten, und will mich endlich meinem Mann und meiner Tochter widmen.«
»Eine Filmkarriere dauert nur solange man jung ist ... Ich werde aufhören, solange ich noch ganz oben bin. Die Filmkamera

*Edward G. Robinson und Marlene Dietrich als vorübergehend tugendsame Gattin in ›Manpower/Herzen in Flammen‹, 1941.*

ist unerbittlich, zeigt jedes Fältchen, jedes graue Haar. Die Bühne ist da etwas ganz anderes.«

Marlene war damals noch keine vierzig Jahre alt, sah jung und schön aus und hatte eine gute Figur. Und nach einiger Zeit schien es, als habe sie ihre Abdankungspläne vergessen. Bald darauf stand sie schon wieder für den Film *Manpower* (*Herzen in Flammen,* 1941) mit Edward G. Robinson und George Raft vor der Kamera.

Zu jener Zeit war das Verhältnis zu ihrer Tochter etwas getrübt. Das sechzehnjährige Mädchen litt darunter, ständig im Schatten ihrer bildschönen und berühmten Mutter zu stehen. Maria selbst neigte zur Fettleibigkeit, was ihr schwer zu schaffen machte. Marlene versuchte diese Tatsache geschickt durch die Klei-

*Szenenfoto aus ›Manpower/Herzen in Flammen‹, 1941; Marlene Dietrich (Mitte) mit Partnerinnen.*

dung zu verschleiern. Maria durchschaute die Absicht ihrer Mutter, was sie nicht gerade selbstbewußter machte. Durch die Einsamkeit war sie zu einem stillen, in sich gekehrten Mädchen herangewachsen. Im Zusammenhang mit dem Entführungsversuch erinnerte sie sich:»Die Wächter, die meine Mutter angestellt hatte, um mich Tag und Nacht zu bewachen, wurden meine einzigen Freunde. Sie schickten mir später Briefe und Erdnußbutter ...«

Als sie fünf Jahre alt war, hatte man sie ›Hollywoods erstes Baby‹ getauft, denn sie besuchte ihre Mutter häufig im Atelier. Die Paramount wünschte damals, das Kind im Hintergrund zu halten, um die erotische Aura und Marlenes Flair nicht zu zerstören. Das Publikum sollte von der heranwachsenden Tochter Marlenes so wenig wie möglich erfahren. Marlene war aber ganz anderer Ansicht und bestand darauf, Maria den Reportern und Fotografen zu präsentieren. Marlenes Beispiel machte in Hollywood sogleich Furore. Als die Fotos dieser Mutter-Kind-Idylle in den Zeitungen erschienen, fingen auch die anderen Stars an, ihre Kinder, die sie bislang dem Publikum verschwiegen hatten, als Werbemittel einzusetzen.

Marlene tat ihrer Tochter damit keinen Gefallen. »Mutter war so wunderschön«, erklärte sie. »Ihre Schönheit vermittelte mir das Gefühl, selbst häßlich und wertlos zu sein. Ich glaubte damals, meine Mutter müsse sich meiner doch schämen.«

Während ihres Aufenthalts in jenem Schweizer Internat fühlte sich das Mädchen einsamer denn je. Süßigkeiten und Kuchen waren damals ihr einziger Trost.

»Je dicker ich wurde, desto mehr stopfte ich in mich hinein, und je mehr ich aß, desto unglücklicher wurde ich. Natürlich erwarteten alle Leute von Marlenes Tochter Schönheit und Glücklichsein, aber ich war weder schön noch glücklich. Später versuchte ich abzunehmen, aber ohne Erfolg. Ich weiß noch, daß ich nachts stundenlang heulte.

Ich erinnere mich noch an Beverly Hills, wenn sie nachts an mein Bett kam, um mir den Gutenachtkuß zu geben, wie mir ihr Parfüm aus ihren Pelzen entgegenduftete. Sie war so wunderschön, und ich war krank vor Eifersucht, wenn sie das Haus verließ. Schließlich zog sie sich nicht für mich so schön an, sondern für andere Leute, in deren Gesellschaft sie ihre Abende verbrachte. Ich sagte mir immer, daß sie mit diesen Menschen lieber zusammen war als mit mir. Selbst wenn sie ohne Make-up

*Ein in ›The Spoilers/Die Freibeuterin‹ bereits bewährtes Freund-Feind-Trio wieder vereint: Randolph Scott, Marlene Dietrich und John Wayne in ›Pittsburgh‹, 1942.*

mit Lockenwicklern und Schürze in der Küche am Kochtopf stand, war sie so schön, daß mir die Luft wegblieb.«
Ihr nächster Film hieß *The Spoilers* (*Die Freibeuterin/ Stahlharte Fäuste*, 1942) mit John Wayne und Randolph Scott. Marlene spielte die Chefin des führenden Saloons von Nome. In diesem Film gab es eine ungeheure Prügelei zwischen Scott und Wayne. Joe Hembus schreibt in seinem ›Western-Lexikon‹ über *The Spoilers:* ›Die fünfte Verfilmung des Romans von Rex Beach mit der fünften und besten Version der berühmtesten Saloon-prügelei der ganzen Western-Geschichte. ... Abgesehen von diesem berühmten Paradestück wird das köstliche Flair des Films bestimmt von der Kameraderie des Freund-Feind-Trios Wayne-Scott-Dietrich.‹

115

*Marlene Dietrich und Orson Welles als Zauberkünstler in ›Follow The Boys‹, 1944.*

Dieses bewährte Trio setzte der Produzent Charles K. Feldmann gleich in seinem nächsten Film *Pittsburgh* ein. Regie führte Lewis Seiler. Auch in diesem Film feierte Marlene Erfolge als rauhe Saloonherrin.

Mit *Destry Rides Again* hatte sich eine neue Marlene Dietrich

*Marlene Dietrich und Ronald Colman in ›Kismet‹, 1944.*

durchgesetzt und ein ganz anderes Publikum für sich gewonnen. Außer für René Clairs Film *The Flame of New Orleans* war *Destry Rides Again* zum Vorbild für Marlenes Filme geworden, die sie Anfang der vierziger Jahre drehte. Die Qualitäten der Aufgüsse eines einzigen Themas lassen bekanntlicherweise schnell

117

*Die berühmten Beine Marlene Dietrichs wurden für eine Tanzszene in ›Kismet‹, 1944, mit Goldfarbe bemalt.*

nach. – Wieder geriet Marlene in die Gefahr, in eine Schablone gepreßt zu werden.

Die Universal International bereitete 1944 eine Art Revuefilm vor – eine Art Potpourri der unterschiedlichsten Nummern. Das Ganze wurde von einem hauchdünnen Handlungsfaden zusammengehalten. Dieser Film hieß *Follow the Boys* und war als Unterhaltungsfilm für die amerikanischen Soldaten gedacht. Unter der Regie von A. Edward Sutherland spielten Marlene Dietrich und Orson Welles zwei Zauberkünstler.

›Eine große Überraschung‹, schrieb James Agate, ›ein Zauberkünstler der Spitzenklasse tritt auf, zusammen mit einer wunderschönen Frau, die in zwei Teile zersägt wird, worauf ihre untere Hälfte aus dem Bild tanzt, während ihr Oberteil uns aus den

Kulissen zulächelt. Na und, sagt man sich, was soll das? Moment mal: Der Zauberer ist Orson Welles, die Dame immerhin Marlene Dietrich! ...‹

Die Rolle, die Marlene spielte, war zwar klein, aber pittoresk, und sie erhielt für diese Szene meist Sonderapplaus.

Der zweite Film, den Marlene 1944 drehte, war *Kismet* (*Kismet*). Everett Riskin produzierte ihn für die Metro-Goldwyn-Mayer, die Regie übernahm William Dieterle. Es handelte sich bei diesem Film um eine orientalische Romanze von Edward Knoblock. Die Kritiker beurteilten diesen Film ziemlich mäßig, zumal sie von William Dieterle, der einige bedeutende Filme gemacht hatte, wohl etwas mehr erwartet hatten. ›Marlene Dietrich‹, schrieb Paul P. Kennedy in THE NEW YORK TIMES, ›hat in dem Film drei größere und ein oder zwei kleinere Szenen, was sich zu einer annehmbaren Rolle zusammenläppert, aber was sie zum Ganzen beiträgt, ist in der Hauptsache die üppige Zurschaustellung ihrer Person im allgemeinen und ihrer vielberufenen Beine im besonderen ...‹ Howard Barnes schlug mit seiner Kritik des Films in eine ähnliche Kerbe: ›... Ronald Colman und Marlene Dietrich haben die Hauptrollen inne und sorgen dafür, daß man sich dessen bewußt bleibt ... und noch nie sind die Lockmittel der Dietrich dermaßen ausgeschlachtet worden, selbst wenn sie einen orientalischen Tanz vorzuführen hatte ...‹

Als die Dreharbeiten zu *Kismet* zu Ende waren, beschloß Marlene, sich zu verändern. Was jetzt kam, sollte etwas völlig Neues sein.

# Truppenbetreuung

Anfang März trat Marlene Dietrich mit der USO – der amerikanischen Organisation für künstlerische Truppenbetreuung – in Verbindung und landete kurze Zeit danach in Nordafrika, um eine Tournee zu beginnen, die drei Jahre dauern sollte.

Die Show begann mit einem Conférencier, der auf die Bühne trat und dem Publikum mitteilte, daß Marlene nicht auftreten könne. Das enttäuschte Murren im Publikum wurde durch Marlenes Ruf: »Nein, ich bin hier!« aus dem Zuschauerraum unterbrochen. In einer hervorragend sitzenden khakifarbenen Uniform lief sie den Mittelgang hinunter zur Bühne. In der Hand trug sie einen Lederkoffer. Dieser Koffer hatte schon seit vielen Jahren die Neugier von Freunden und Bekannten geweckt, die gern gewußt hätten, was sich in ihm befand. Das Geheimnis sollte nun gelüftet werden. Dann machte sie Anstalten, mitten auf der Bühne die Uniform gegen ein Abendkleid zu vertauschen, und wurde unter dem Protest der Zuschauer von der Bühne geführt. Wenige Minuten später erschien sie im Abendkleid und sang ›See What the Boys in the Backroom Will Have‹. Dann folgten noch weitere bekannte Lieder, und Marlene öffnete endlich ihren Lederkoffer. Er enthielt ihre ›singende Säge‹ und einen Bogen. Sie setzte sich, klemmte die Säge zwischen ihre aufreizenden Knie und begann die Säge zu streichen.

»Ich habe diese Säge 1927 in Australien gekauft«, erzählte sie, »und sie zu meinem eigenen Vergnügen spielen gelernt. Nun, ich habe gedacht, ich bringe sie mit in meine Show, um mit ihr die Soldaten zu unterhalten. In den Staaten habe ich sie schon ausprobiert, um zu sehen, ob sie den Jungen auch gefällt!«

Auf den Wunsch der Kriegsberichterstatter gab sie eine Pressekonferenz im Militärhauptquartier. Eine Flut von Fragen stürmte auf sie ein. Sie erklärte den Korrespondenten, sie wolle noch drei Monate in Afrika bleiben und plane auch in dieser Zeit einen Freiluftauftritt, wolle England besuchen und dann nach Amerika zurückkehren.

Kurz darauf besuchte Marlene die französische Marine, wo sie begeistert aufgenommen wurde und man ihr ein Bukett mit roten und weißen Nelken überreichte.

*Jean Gabin und Marlene Dietrich in den vierziger Jahren.*

Marlene erfuhr keine Sonderbehandlung. Sie lebte ähnlich wie die Soldaten. Wie sie wusch sie sich das Gesicht mit Schnee und aß die Dosenration aus der Kantine. Sie machte sich sogar ›nützlich‹ und half einigen amerikanischen Soldaten, einen umgestürzten Jeep aus einem Bombenkrater zu ziehen.

Im September 1944 traf sie in London ein und erhielt im Savoy-Hotel Besuch von einem Fotografen, dessen Bitte um ein Foto mit viel Bein sie mit der Begründung ablehnte: »Ich trage Uniform!«

Nach der Befreiung von Paris flog sie nach Frankreich und sang vor den Offizieren der Alliierten im ›Bal Tabarin‹. Dort traf sie Jean Gabin wieder, den sie im Exil in Hollywood kennengelernt hatte.

Unter den Fittichen von SHAEF begann sie eine Tournee über

Hunderte von Bühnen. Sie trat in Nordafrika auf, in Sizilien, Italien, England, Frankreich, der Tschechoslowakei, Labrador, Grönland und Island.

Als sie aus Island kommend in Preswick Airport eintraf, ergab sich eine eigenartige Situation. Die Militärbehörden hatten sie zu einer Tour per Bus durch die Verteidigungslinien eingeladen. Wie erstaunt war sie, als sie entdeckte, daß ihre Mitreisenden zwölf deutsche Generäle waren. Der Militärpolizist, der Marlene begleitete, nickte den Generälen zu und schlug Marlene vor, sich ihnen vorzustellen. Die Generäle, die sie angeblich erst jetzt bemerkten, grüßten zackig mit zusammenschlagenden Hacken und in preußischer Manier.

Während dieser Zeit wurden Stimmen laut, die behaupteten, Marlene wäre in den Krieg geschickt worden, um ›die Laune der Soldaten zu heben, indem sie ihre Röcke lüftete‹. Derlei Gerede verstummte bald, als bekannt wurde, mit welchem Durchhaltevermögen, Enthusiasmus und welcher Ernsthaftigkeit sich Marlene für die Truppenbetreuung einsetzte.

Auf einem Heimaturlaub trat das Büro für *Political Welfare* an sie heran und bat sie, eine Platte mit ihren Liedern aufnehmen zu lassen. Sie sollten ins Deutsche übersetzt werden und eine Botschaft an deutsche Soldaten enthalten. Diese Idee gefiel Marlene. Sie sagte später: »Oft war ich mit meiner Arbeit nicht zufrieden, aber ich glaube, diese adaptierten Lieder waren wirklich etwas Gutes, und ich bin sehr froh darüber …«

Es hieß damals, alle Soldaten, wo immer Marlene im Kampfgebiet auftauchte, wollten sie küssen. Marlene soll ihre Küsse aber rationiert haben. Geküßt wurde nur der Soldat, der wirklich an der Front kämpfte. »Dieser Krieg hat mir erlaubt, mehr Soldaten zu küssen, als irgendeine andere Frau auf der Welt«, resümierte sie.

Im März 1945 trat Marlene in der neueröffneten ›Stage Door Canteen‹ in Paris auf. Diesmal trug sie keine Uniform, sondern war in Zivil. Ein jubelnder Trompetenchor der *Garde Republicaine* in voller Uniform begrüßte sie. Es war ein Abend, an dem viele Stars auftraten, darunter Noël Coward und ihr alter Freund Maurice Chevalier.

Wenige Monate später reiste sie nach Berlin, um zu erfahren, ob die Gerüchte, daß sich ihre Schwester im Konzentrationslager Bergen-Belsen befand, der Wahrheit entsprachen. Es gelang ihr, Frau von Losch zu finden, die sie über sechs Jahre nicht gesehen hatte. Als sie in Berlin ankam, erfuhr sie von ihrer Mutter, daß sich Elisabeth zwar in Bergen-Belsen befand, das Lager aber soeben von den Alliierten befreit worden war. Mit Erleichterung und Freude stellte Marlene fest, daß ihre Schwester zu den Überlebenden gehörte, und holte sie zurück nach Berlin.

Für ihre Arbeit als Truppenbetreuerin während des Krieges ernannten die Franzosen sie zur Ritterin der Ehrenlegion und von den Amerikanern erhielt sie die *Congress Medal of Freedom*.

Die Arbeit als Truppenbetreuerin hatte Marlene um viele wertvolle Erfahrungen bereichert. Einer ihrer Partner bei ihren Auftritten war Danny Thomas, von dem Marlene sehr viel gelernt hat, wie sie sagte:

»1944 trat ich mit Danny Thomas bei verschiedenen Truppenkonzerten in Italien auf, und er hat mir alles beigebracht – wie man mit dem Publikum umgeht, auf welche Weise man antwortet, wenn sie brüllen, wie man ihnen zuspielt, wie man sie zum Lachen bringt. Vor allem lehrte er mich, wie man zu ihnen spricht. Ich führte damals einige Zauberkunststücke vor, die ich von Orson Welles gelernt hatte. Wir traten auf dem hinteren Teil eines Lastwagens auf, und eines Abends fingen ein paar Soldaten an zu grölen und unterbrachen mich. Irgendwie wurde ich mit ihnen fertig, und da sagte Danny zu mir: ›So ist's richtig. Jetzt hast du's gelernt.‹ Wenn man einmal in der Lage war, die Aufmerksamkeit der Frontsoldaten zu gewinnen, die morgen vielleicht sterben müssen und sich dessen bewußt sind, dann kann man mit jedem Publikum umgehen. Nichts in meinem ganzen Leben ist für mich so schwierig und so lohnend gewesen.«

# Maria wird Schauspielerin

Nach der Friedenserklärung wollte Marlene wieder anfangen zu arbeiten, denn der Krieg hatte ihre finanziellen Mittel erschöpft.

Der französische Regisseur Marcel Carné, der zuvor einen triumphalen Erfolg mit seinem Film *Les enfants du paradis* (*Kinder des Olymp*, 1943/45) gefeiert hatte, bot Marlene Dietrich und Jean Gabin die Hauptrollen in seinem nächsten Film *Les portes de la nuit* (Pforten der Nacht, 1946) an. Marlene war von der Idee begeistert, in Europa zu arbeiten. Hinzu kam, und das war wohl noch ausschlaggebender für ihre Freude, daß aus der einst innigen Freundschaft mit Jean Gabin eine leidenschaftliche Liebe geworden war. Aber aus diesem ersten gemeinsamen Projekt wurde nichts, denn die Verhandlungen scheiterten.

Gabin hatte inzwischen die Verfilmungsrechte des Romans ›Martin Roumagnac‹ von P. R. Wolf erworben. Das Drehbuch ließ er von Pierre Very erstellen. Mit diesem Film gaben die beiden Stars 1946 eine Art Debüt. Regie führte George Lacombe. Eine weitere wichtige Rolle spielte Margo Lion, die damals mit Marlene in der Revue *Es liegt in der Luft* in Berlin so großen Erfolg gehabt hatte.

›Für Marlene Dietrich ist dies ihr erster französischer Film‹, schrieb Jean Vidal in ›L'Ecran français‹. ›Das erstemal spielt die Darstellerin des *Blauen Engel* eine Rolle auf französisch. Sie beherrscht im übrigen unsere Sprache vollständig. Vielleicht hat man deshalb den Eindruck, sie nicht ganz wiederzuerkennen. Sie wirkt gehemmter, schwerfälliger als sonst. Sie spielt gut, aber eben nicht außerordentlich gut. Weder wirkt sie wie eine Fehlbesetzung, noch überzeugt sie völlig. Sogar ihr physischer Aspekt erscheint etwas fader und wirkungsloser als sonst. Allerdings muß man dazu sagen, daß ihr Gesicht trotz der Jahre eine geradezu wunderbare Ausdruckskraft vor der Kamera bewahrt hat …‹

Auch Jean Gabin veränderte sein Image als Martin Roumagnac. ›Er ist nicht mehr der ›harte Kerl‹, den wir kannten. In seiner Stimme, in seiner Gestik und seiner Zärtlichkeit taucht eine

Weichheit auf, die wir bisher noch nicht an ihm erlebt haben. Er beweist wieder einmal, daß er ein großartiger Schauspieler ist ...‹, schrieb Henry Ferrant.

Während der Dreharbeiten waren Jean Gabin und Marlene Dietrich unzertrennlich. Doch wenige Tage nach der Beendigung des Films verließ Marlene Frankreich, und Jean Gabin heiratete eine junge französische Schauspielerin.

Marlenes Tochter hatte tatsächlich vor, Medizin zu studieren, doch dann änderte sie ihre Pläne und wollte Schauspielerin werden. Max Reinhardt hatte inzwischen in Hollywood eine Schauspielschule eröffnet. Dort schrieb sie sich ein. Sie war nicht von dieser oft zitierten Leidenschaft beseelt, unbedingt zur Bühne gehen zu müssen, vielmehr wollte sie sich und ihrer Mutter ›etwas beweisen‹.

»Für mich hatte diese Sache einen seltsamen Reiz«, erinnerte

*Waren jahrelang befreundet: Marlene Dietrich und Jean Gabin.*

sie sich. »Ich wollte wissen, was dabei herauskommen würde, wenn ich – diese Walküre – mich auf der Bühne als die Tochter von Marlene Dietrich entpuppen würde. Ich wollte wissen, ob ich den Erfolg haben könnte mit Rollen, die für unwiderstehliche Frauen geschrieben worden waren.«

Sie änderte ihren Namen und nannte sich Maria Palmer. Nachdem sie einige kleine Rollen in Max-Reinhardt-Aufführungen an seiner Schule gespielt hatte, ging sie nach New York. Dort spielte sie am Theater Guild eine Nebenrolle in *Foolish Notion* als Partnerin von Tallulah Bankhead.

Es war nicht die Theaterbegeisterung Marias, die sie Hollywood verlassen ließ, sondern eine gescheiterte Ehe mit ihrem Kollegen Dean Goodman, die sie 1943 mit ihm eingegangen war. Die einst so glühende Liebe kühlte sehr rasch ab, und Goodman bot Maria die Scheidung an. Maria wollte sich anfangs nicht scheiden lassen mit der Begründung, daß sich ihre Eltern auch nicht hatten scheiden lassen, weil sie glaubten, im Alter wieder vereint zu sein. Nachdem Maria aber einige Wochen in New York verbracht hatte, willigte sie schließlich doch in die Scheidung ein.

Ihre Rolle in *Foolish Notion* behagte ihr wenig, was sie darauf zurückführte, daß sie sich für Komödien nicht besonders eigne. Sie stieg aus dem Vertrag aus und schloß sich, den Spuren ihrer Mutter folgend, der USO an, die für die amerikanischen Streitkräfte in Europa unterwegs war.

Im Juni 1946 kehrte Maria nach New York zurück. Die Fordham University hatte eine Professur für Schauspielerei und Regie ausgeschrieben. Ihre Bewerbung hatte Erfolg. In dieser Universität lernte sie den fünfundzwanzigjährigen Italo-Amerikaner William Riva kennen. Riva arbeitete als Bühnenbildner. Im Juli 1947 heirateten sie und zogen in eine einfache Wohnung in der Third Avenue. Marlene wollte ihnen eigentlich eine komfortablere Wohnung einrichten, aber Riva lehnte das ab. Doch zur Geburt des ersten Sohnes Michael ließ sich Marlene nicht länger abweisen und kaufte ihnen ein wunderbares Haus mit Garten, das sie zusammen mit Riva ausstattete.

1946 erhielt Marlene von der Paramount das Angebot, in dem Film *Golden Earrings* die Rolle einer Zigeunerin zu spielen. Anfangs war das Filmstudio von dieser Idee nicht angetan, aber

*Marlene Dietrich und Jean Gabin in ›Martin Roumagnac‹, 1946.*

Hollywood-Direktor David Chierichetti insistierte. »Der Angelpunkt der ganzen Geschichte war, daß diese Zigeunerin trotz schmutziger Kleider und fettiger Haare so verführerisch sein mußte, daß der biedere Engländer sich in sie verliebte. ›Es gibt nur eine Frau, die unter solchen Umständen noch bezaubernd wirkt‹, sagte ich damals, ›und das ist Marlene.‹«

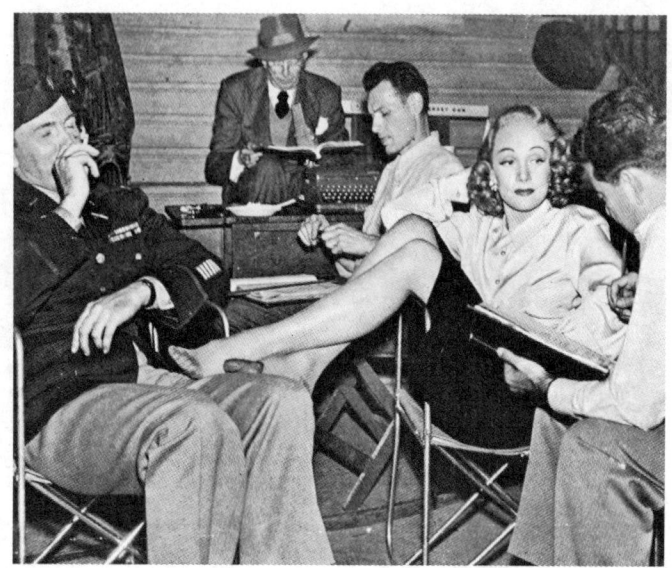

*Marlene Dietrich und Partner während der Dreharbeiten zu ›A Foreign Affair/Eine auswärtige Angelegenheit‹, 1948, Regie Billy Wilder.*

Marlene trieb ganz genaue Studien, nachdem sie sich entschlossen hatte, diese Rolle anzunehmen. Sie besuchte die Zigeunerlager in der Nähe von Paris. Als die Arbeit beginnen sollte, weigerte sie sich, die Kostüme zu tragen, die man ihr anbot, weil sie nicht authentisch waren. Die Kleider mußten geändert werden.
»Marlene schminkte sich natürlich selbst«, berichtete Chierichetti, »und entschied sich für eine sehr dunkle Grundfarbe. Sie schmierte Ruß darüber, den sie so in ihrem Gesicht verrieb, daß es bei der Aufnahme dunkler wirkte als ein schwarzes Loch. Mit ihren Fingernägeln riß sie außerdem so lange Löcher in ihr Kleid, bis ich ihr schließlich auf den Handrücken schlug und sagte, sie solle aufhören …«
Regie führte Mitchell Leiser, der mit Marlene schon einmal für *The Lady is Willing* gearbeitet hatte. Das Publikum war nicht allzu begeistert von diesem Film. Man nahm dem Film übel, daß er Marlenes Reize so wenig zur Geltung kommen ließ. »Dann hätte sie ja gleich die Rolle einer Großmutter spielen können«, wurde gesagt.

Mit ihrem nächsten Film machte sie diesen Mißerfolg als Zigeunerin in *Golden Earrings* wieder wett. 1948 wurde ihr von ihrem alten Freund Billy Wilder in *A Foreign Affair* (*Eine auswärtige Angelegenheit,* 1948) die Hauptrolle angeboten. Sie sollte eine Sängerin spielen, die im Berlin der Nachkriegszeit gemeinsame Sache mit einem amerikanischen Offizier macht, obwohl sie sich im Dritten Reich auf die Seite der Nazis geschlagen hatte. Die Dreharbeiten fanden in den Paramount-Studios in Hollywood statt. Friedrich Hollaender komponierte die Musik und schrieb die Songs ›Black Market‹, ›The Ruins of Berlin‹ und andere für Marlene, die sie wie immer sehr souverän vortrug. Der Film wurde von den Amerikanern nicht gut aufgenommen, die sich über einige Geschmacklosigkeiten erregten. Die schauspielerische Leistung Marlenes aber wurde allgemein anerkannt.

Angeblich soll das Johnston Office einige Szenen, in denen Marlene ihre Beine zu freizügig zeigte, moniert haben, worauf sie noch einmal wiederholt werden mußten.

Als Marlene eines Tages am Arm eines Freundes über den Times Square bummelte, bemerkte sie die übergroße Statue einer nackten Frau, die vom Dach eines Kaufhauses herabblickte. »Ich verstehe die amerikanische Moralauffassung nicht«, meinte sie, »diese Figur hat nicht einmal Unterhosen an, und wenn ich nur die Unterkante meiner Strümpfe zeige, krieg' ich gleich eine vor den Latz.«

# Die bezauberndste Großmutter der Welt

Nachdem Maria Mutter geworden war, hängte sie ihre Karriere an den Nagel, um sich nur ihren Pflichten als Ehefrau und Mutter zu widmen. Marlene war hocherfreut über das Glück ihrer Tochter. Die Neuigkeit von der Geburt eines Enkelsohnes verbreitete sich wie ein Lauffeuer, und Marlene erhielt den Spitznamen ›Die bezauberndste Großmutter der Welt‹.

Der bekannte Talkmaster Ed Sullivan präsentierte Marlene als die ›Oma Dietrich‹ einem riesigen Publikum im Madison Square Garden. »Mit einer solchen lauten Pfeiferei bin ich noch niemals begrüßt worden«, berichtete Marlene.

Marlene verbrachte zu jener Zeit viele Stunden im Hause ihrer Tochter, um ihr im Haushalt zur Hand zu gehen. Damals kursierte die Geschichte, die Dietrich habe um drei Uhr früh einen Taxifahrer in New York angehalten. Unterm Arm habe sie ein großes Bündel schmutziger Babywäsche getragen.

»Er hielt mich für eine Waschfrau aus der Third Avenue und hatte großes Mitleid mit mir, daß ich so lange arbeiten mußte. Ich hatte nicht die Traute, ihm zu gestehen, daß ich im Plaza-Hotel wohnte, und stieg mehrere Blöcke vorher in einer armen Gegend aus und lief zu Fuß ins Plaza.«

Im Mai 1950 gebar Maria ihren zweiten Sohn John Paul. Nach dieser Geburt begann sie sich zu verändern und verlor an Gewicht. Als sie ohne Mühe und besondere Diät 65 Pfund abgenommen hatte, bemühte sie sich, ihre Karriere als Schauspielerin wieder aufzunehmen. Ihr Agent war von ihrem Äußeren begeistert, und nach zwei Wochen spielte sie die Rolle eines verkommenen Wiener Zimmermädchens im Fernsehen. Die Kritiken waren ausgezeichnet, und Maria erhielt zwei Angebote aus Hollywood, die sie aber ablehnte. William Riva hatte mittlerweile viele gute Aufträge als Innenarchitekt. Maria wollte in New York bleiben, um sich ihrer Familie zu widmen.

Im Sommer 1949 erhielt Marlene von Alfred Hitchcock das Drehbuch seines neuesten Krimis *Stage Fright* (*Die rote Lola*). Für Marlene hatte er die Rolle eines Revuestars vorgesehen, die des Mordes an ihrem Mann verdächtigt wird. Der Film sollte im Herbst in England in den Elstree-Studios in Produktion gehen. Das Drehbuch schrieb einige superelegante Kostüme vor, und Marlene bestand darauf, sie bei Dior in Paris in Auftrag zu geben. Das kostete die Kleinigkeit von zweitausend Pfund.

Inzwischen hatte Hitchcock seine Starbesetzung für *Stage Fright* bekanntgegeben: Marlene Dietrich, Michael Wilding, Jane Wyman, Richard Todd und Alastair Sim. In den Elstree-Studios war eine exklusive Stargarderobe für Marlene hergerichtet worden, im Claridge eine Suite für sie bereitgehalten. Ganz London erwartete Marlenes Ankunft. Als sie um Mitternacht auf dem Londoner Flughafen eintraf, war sie müde und abgespannt. Einer der Fotografen bat sie, sich auf einen Stuhl zu setzen und ihre Beine zu zeigen, worauf sie lächelnd sagte: »Es stimmt, daß meine Beine ein Vermögen wert sind, wieso sollte ich sie Ihnen für nichts zeigen?«

Eine kleine Pause entstand. Marlene zog ihren Rock wenig höher als einen Zentimeter und wartete, während die Fotoapparate klickten. Dann verließ sie die Halle und stieg in ein Auto.

Am nächsten Tag gab sie eine Pressekonferenz im Savoy vor mehr als 300 Journalisten von Presse, Funk und Fernsehen. Sie erschien ganz in Schwarz, schlank und elegant. Sie unterhielt sich mit den Presseleuten im River-Room, bis der rotbefrackte Zeremonienmeister zum Dinner bat.

Marlene saß in der Mitte der Tafel neben Richard Todd und Robert Clark. Während des Essens rauchte sie unablässig, aß aber kaum. Als der Kaffee serviert wurde, klopfte der Zeremonienmeister und rief: »Meine Lords, Ladys und Gentlemen, dieser Toast ist auf Seine Majestät, den König!«

Alle erhoben sich mit ihren Gläsern und tranken. Marlene setzte sich und zog an ihrer Zigarette. Wieder klopfte der Zeremonienmeister: »Ladys und Gentlemen, Sie können rauchen.«

Eine plötzliche Stille entstand, und Marlene spürte alle Augen auf sich gerichtet, als sie ihre Zigarettenspitze aus dem Mund nahm. Die Leute begannen zu lachen. Marlene war sehr peinlich berührt und errötete in der Öffentlichkeit. Sie war gewohnt, zwischen den einzelnen Gängen zu rauchen, und hatte die englische Sitte, vor dem Toast auf den König nicht zu rauchen, vergessen. Die Fotografen zückten die Kameras, und Marlene bewahrte Haltung. Sie lächelte und flüsterte eine Entschuldigung. Als die Unterhaltung wieder einsetzte, ging sie leise hinaus.

# Die rote Lola

Unmittelbar nachdem Marlene Dietrich die Pressekonferenz verlassen hatte, zog sie sich in ihre Suite zurück. Zwei Journalisten hatten vom Public-Relations-Manager die Erlaubnis für ein kurzes Gespräch mit der Dietrich erhalten. Sie war zwar inzwischen von allen Seiten fotografiert worden, aber die beiden Journalisten, Lionel Bird und Harry Deverson, waren auf der Suche nach kräftiger Würze für die die Fotos begleitenden Texte.

Marlene Dietrich empfing die beiden Herren mit einem maliziösen Lächeln. Es entspann sich folgende Unterhaltung:

DEVERSON: »Mrs. Dietrich, wir sind von den Fotos begeistert. Doch brauchen wir für den Begleittext noch einige interessante Details. Vielleicht hätten Sie die Güte, der Öffentlichkeit noch etwas Besonderes mitzuteilen ...«

MARLENE: »Zum Beispiel ...«

DEVERSON: »Offen gesagt ... wir wissen es nicht. Vielleicht sollten wir noch einige Fotos machen ... beim Pferderennen oder so ... auf einem Ball ...«

DIETRICH: (an ihrer Zigarette ziehend) »Reden Sie weiter!«

BIRD: »Also ... hm. Mrs. Dietrich, lassen Sie es mich so ausdrücken. Wir wollten vorschlagen, Sie in der Bond Street oder an einem anderen eleganten Ort ... oder ...«

DIETRICH: »Schlagen Sie nur vor.«

BIRD: »Gibt es nicht irgend etwas, also etwas, wobei Sie noch nicht fotografiert worden sind?«

Es entstand eine Pause. Dann sah sie Bird lächelnd an, zog an ihrer Zigarette und sagte nur: »Doch!«

Die Fotos von Marlene erschienen ohne Text.

Als Marlene in den Elstree-Studios eintraf, um ihre erste Beleuchtungsprobe zu absolvieren, war es später Nachmittag. Einige Techniker machten Überstunden, um einen Blick auf Marlene zu werfen.

Wilkie Cooper, der *Stage Fright* fotografierte, bat Marlene, sich

*»... wenn Marlene eines ihrer unsterblichen Beine über das andere schlägt, beginnt es zu knistern in der Luft ...«; Marlene Dietrich in ›Stage Fright/ Die rote Lola‹, 1950.*

zu setzen, um mit der Arbeit beginnen zu können. Sie nahm Platz, kreuzte die Beine und besah sich die Ausleuchtung der Szene. Minuten später erklärte sie Cooper bis ins kleinste Detail, wie sie sich die Beleuchtung vorstellte. Cooper reagierte höflich, war aber etwas verlegen. Er hatte bereits gehört, daß die Dietrich den Kameraleuten gern ins Handwerk pfuschte, aber auch, daß sie sich tatsächlich auskannte und wußte, wie sie am vorteilhaftesten zu fotografieren war. Als er gefragt wurde, wie er auf die Vorschläge Marlenes reagiert habe, sagte er: »Nun, wissen Sie, ich kannte ja die Geschichten, daß die Dietrich ihre eigenen Beleuchtungstricks durchzusetzen verstand. Ich war nicht sehr erfreut, als sie mir sagte, wie ich zu arbeiten habe. Schließlich hatte ich schon einige berühmte und schwierige Stars fotografiert und viele Filme gemacht. Ich nahm mir vor, sie so zu beleuchten, wie sie es wünschte. Sollte das aber schieflaufen, wollte ich es so machen, wie ich es für richtig hielt. Ihre Vorschläge waren aber immer richtig. Und was die Nahaufnahmen betraf, ich hätte sie nicht besser machen können ...«

Marlene hatte darauf bestanden, daß keine Standfotos verkauft werden durften, ehe sie sie nicht begutachtet hatte. Die Probeabzüge wurden ihr zugeschickt, von ihr geprüft und mit detaillierten Anweisungen für den Retuscheur zurückgeschickt. Frank Buckingham, der Standfotograf der Elstree-Studios, nannte sie den »geduldigsten und kooperativsten Star«, den er jemals kennengelernt hatte.

Hitchcock schätzte Marlene Dietrich ebensosehr. Er zählte sie zu den routinierten Artisten, »deren Kunstfertigkeit sich nie ganz ergründen läßt«. Er wußte ihr Wissen auf filmischem Gebiet mit den Worten zu würdigen: »Marlene ist ein Profi in jeder Hinsicht: ein Profischauspieler, ein Profikameramann und ein Profikostümbildner.«

Zu ihren intimsten Freunden in England gehörten Mischa und Eddy Spoliansky. Mischa Spoliansky hatte die deutsche Staatsbürgerschaft wegen der Nazis abgelegt und die britische angenommen. Als Komponist hatte er inzwischen große Erfolge beim Film und am Theater in England und Amerika. Die Wohnung der Spolianskys war während der Dreharbeiten zu *Stage Fright* so eine Art Refugium für Marlene. Dort konnte sie sich entspannen, ihre Muttersprache sprechen und ihre Lieblingsgerichte kochen. Als Marlene, Michael Wilding, mit dem sie eine innige Freundschaft verband, und das Ehepaar Spoliansky nach

*Zwei Rivalinnen: Jane Wyman und Marlene Dietrich in ›Stage Fright/Die rote Lola‹, 1950. Regie Alfred Hitchcock.*

einem Abendessen zusammensaßen, sprach Marlene über ihr Faible für Wissenschaftler:
»Ich habe viel Glück gehabt und im Laufe meines Lebens viele wichtige Leute kennengelernt; Schriftsteller, Politiker, Geschäftsleute und Theater- und Filmemacher, aber eigentlich langweilen mich alle mit einigen Ausnahmen. Ich würde gern ein paar Wissenschaftler kennen, wie zum Beispiel Sir Alexander Fleming. Er hat so viel für die Menschheit getan. Ich bewundere ihn mehr als irgendeinen anderen Menschen.«
Sir Alexander Fleming war der englische Bakteriologe, der das Penicillin entdeckt und 1945 den Nobelpreis erhalten hatte.
Für Eddy Spoliansky war es kein Problem, ein Zusammentreffen mit ihm und Marlene zu arrangieren, da sie einen seiner be-

*Während der Dreharbeiten zu ›Stage Fright/Die rote Lola‹, 1950: Regisseur Alfred Hitchcock mit Marlene Dietrich.*

sten Freunde kannte. Eddy rief ihren Bekannten, Professor Hindle, an, der ihr kurz darauf mitteilte, Sir Alexander würde sich freuen, Marlene Dietrich kennenzulernen.

Die nächsten Tage verbrachte Marlene damit, diesen Abend zu arrangieren. Sie ließ sich ein neues Kleid machen, rief Erich Maria Remarque an und ließ sich von ihm bei der Auswahl der Weine beraten. Bei Professor Hindle erkundigte sie sich nach der Lieblingsspeise des hohen Gastes.

Als der Tag dann endlich gekommen war, an dem das große Ereignis stattfinden sollte, war Marlene aufgeregt wie ein Schulmädchen.

Außer Marlene, den Spolianskys und Sir Alexander waren noch Michael Wilding und Professor Hindle anwesend. Die Fröhlichkeit der Gäste nach dem Essen kannte keine Grenzen. Marlene sprach lange und enthusiastisch mit Sir Alexander von ihren Kriegserlebnissen, vom Penicillin und den Verwundeten. Immer wieder berichtete sie von ihren eigenen Erlebnissen, Sir Alexanders Entdeckung betreffend, und dem Wunder der Heilung durch Penicillin. Sie vergaloppierte sich allerdings und behauptete, Penicillin könne sogar die schwerste aller Geschlechtskrankheiten heilen. Das war selbst Sir Alexander zuviel, und er unterbrach sie gutmütig lächelnd: »Das ist eine Krankheit, die Penicillin nicht zu heilen vermag, meine liebe gnädige Frau!«

Der weitblickende Spoliansky hatte ein Foto des bewunderten Gastes besorgt, und Marlene konnte sich sogar ein Autogramm geben lassen. Zusammen mit dem Autogramm überreichte er ihr eine Glasflasche mit einer Penicillinkultur. Das hatte Marlene nicht erwartet und schätzte sich nun überglücklich, ein so kostbares Geschenk des Meisters zu besitzen.

Dieses Treffen war der Grundstein zu einer Freundschaft, die erst im März 1955 mit Flemings Tod endete.

Fleming hatte nicht einen einzigen Film von ihr gesehen und wußte auch nicht, was die Leute meinten, wenn sie von ›Glamour‹ sprachen. Er kannte ›Marlene Dietrich nur als kluges und witziges Geschöpf‹.

# Königliche Vorstellung

Im Herbst 1950 – die Dreharbeiten zu *Stage Fright* liefen auf Hochtouren – wurde Marlene Dietrich aufgefordert, bei einer ›Royal Film Performance‹ in Anwesenheit des Königs Georg VI. und der Mitglieder der königlichen Familie teilzunehmen. Für diese Show waren bekannte englische und amerikanische Stars engagiert worden.

Marlene war zu jener Zeit gerade zum zweitenmal Großmutter geworden und als ›bezauberndste Großmutter der Welt‹ in aller Munde. Das wollten die Initiatoren der Show als Aufhänger benutzen, Marlene das satirische Lied singen zu lassen mit dem Titel ›We're All In Love With Grandmother‹. Als Partner dachten sie an Michael Wilding, John Mills und John Gielgud. Enthusiastisch schilderte man Marlene den Ablauf dieser einfallsreichen Szene am Telefon. Als man sie nach ihrer Meinung fragte, entstand eine kurze Pause. »Wie können Sie es wagen!« sagte sie und hängte ein. Offenbar war sie der Ansicht, daß ein solcher Auftritt nicht würdig war, diesen Anlaß in Szene zu setzen.

Da man auf Marlene Dietrich nicht verzichten wollte, gab man ihrem Wunsch nach, nur vor den Vorhang zu treten und ›Lili Marlen‹ zu singen, jenes Lied, mit dem sie als Truppenbetreuerin immer so erfolgreich war. Bei diesem Auftritt trug sie ein weißes Nerzkleid.

Er lag fast am Ende der Show. Von einem einzigen Scheinwerfer beleuchtet, trat sie vor den Vorhang und sang ihr berühmtes Lied:

> Unter der Laterne
> vor dem großen Tor
> stand eine Laterne
> und steht wohl noch davor.
> Wann werden wir uns wiederseh'n
> vor der Laterne woll'n wir steh'n
> wie einst Lili Marlen …

Das Publikum klatschte Beifall, aber zurückhaltender als Marlene es gewöhnt war, denn in Anwesenheit von Majestät schickte es sich nicht anders.

Niedergeschlagen verschwand sie in den Kulissen, weil sie glaubte, ihr Lied wäre nicht angekommen.

Nachdem die Akteure den Mitgliedern der königlichen Familie vorgestellt worden waren, beteiligte sie sich am Finale und war eine der ersten, die das Kino verließen. Michael Wilding half ihr in den wartenden Rolls-Royce, den einzigen Wagen, der von der Polizei eskortiert wurde.

Während der Dreharbeiten zu *Stage Fright* hatte das Studio extra eine Garderobiere für Marlene eingestellt, deren Aufgabe es war, den Star und seine Garderobe am Drehort zu betreuen. Sobald ein Kleid abgelegt worden war, hatte Babs Gray die strikte Anweisung, es zu bügeln und aufzuhängen. Besondere Sorgfalt galt Marlenes Seidenstrümpfen – jeden Tag ein neues Paar.

»An manchen Tagen«, entsann sich die Garderobiere, »war sie lieb und umgänglich, an anderen wollte sie kein Wort mit mir sprechen.«

»Marlene benutzte für jede Zigarette eine neue Zigarettenspitze. Sie rauchte eine Zigarette nur bis zur Hälfte und reichte die halbgerauchte Zigarette mir, wenn ich gerade in der Nähe war, damit ich sie zu Ende rauchte. Marlene Dietrich ist eine Frau mit extrem individualistischen Zügen. Ihr Parfüm war angeblich extra für sie von Dior hergestellt worden, ihre Schuhe wurden ausschließlich in Paris angefertigt, mußten zum Hineinschlüpfen sein und Knöpfe als Verschluß tragen. Ein bekannter Schuhstylist sagte einmal zu mir, daß Marlene die schönsten Füße der Welt habe.«

Babs Gray wußte über die wahre Passion Marlenes für Wannenbäder zu berichten und daß sie ihren Schmuck und ihre Juwelen achtlos in ihrer Garderobe herumwarf. Weiter, daß sie nie in der Kantine aß, sondern Biskuit knabberte, Tee trank oder nach einem besonders anstrengenden Tag ein Glas Champagner zu sich nahm. Die Maskenbildnerinnen, die Marlene zur Verfügung standen, wurden nicht gebraucht. Marlene schminkte sich stets selbst mit ihren eigenen Präparaten aus Hollywood.

Nach Beendigung der Dreharbeiten zu *Stage Fright* belohnte Marlene ihre Garderobiere Babs Gray mit schwarzen Ohrringen und einer dazu passenden Halskette, die sie extra aus Paris hatte für sie kommen lassen.

»Ich habe jeden Tag mit ihr verbracht«, resümiert Babs Gray, »aber nie bin ich ihr nahegekommen.«

Ihren nächsten Film drehte Marlene wiederum in England. Henry Koster, ein Emigrant aus Berlin, bot ihr die weibliche Hauptrolle in *No Highway / No Highway In The Sky* (*Die Reise ins Ungewisse*, 1951) nach einem Roman von Nevil Shute an. Marlene spielte eine Schauspielerin, die zusammen mit einer Stewardeß den Piloten bei einer abenteuerlichen Atlantiküberquerung unterstützt. James Stewart war ihr Partner; mit ihm hatte sie schon in *Destry Rides Again* vor der Kamera gestanden.

Die Dietrich kam aus Paris, landete in London und nahm Quartier im Claridge, wo Michael Wilding sie erwartete, umgeben von einer Gruppe englischer Reporter. Für diesen Film sollte es keine besonderen Kostüme geben. Man wollte sich an Marlenes persönlicher Kleidung orientieren, berichtete Margaret Furse, die Kostümberaterin. Von einer Dior-Garderobe sollte diesmal keine Rede sein. Marlene schien das nicht zu passen, und so erschien sie bei ihrer Ankunft im Claridge in einer Robe von Dior: ein schwarzes, mit Pelz besetztes Kostüm und darüber ein weiter Breitschwanzmantel, am Revers selbstverständlich das Band der Ehrenlegion. Damit machte sie ihren Kostümbildnern klar, wer auch diesmal für ihre Garderobe zuständig sein sollte.

Als die Reporter auf sie einstürmten, wollte sie sie mit den Worten abwimmeln: »Ich bin randvoll mit Penicillin und gehöre eigentlich ins Bett, meine Herren!«

Aber die cleveren Jungs wußten, wie sie Marlene aufhalten konnten. Ein Reporter fragte nach ihrem Alter und fügte rasch hinzu: »Ich habe Schätzungen zwischen siebenundvierzig und siebenundfünfzig gehört.« Marlene nahm das mit der ihr eigenen Gelassenheit hin und antwortete:

»Ich wollte, die Leute würden nicht sagen, daß ich siebenundvierzig bin. Ich bin vierundvierzig. Ich glaube, die Leute schätzen mich älter, weil ich Großmutter zweier Enkelkinder bin. Ich mache mir gar nichts daraus, daß ich vierundvierzig bin, denn ich bin stolz auf meine doppelte Großmutterwürde. Ich meine, das beste ist, ich sage, daß ich einundsiebzig bin und damit basta.« Marlene sagte damals in keinem Fall die Wahrheit, denn sie war weder vierundvierzig noch siebenundvierzig, sondern fünfzig Jahre alt.

Es lag erst kurze Zeit zurück, daß sie vom Großmutterclub der USA (dieser Club hat 5 Millionen Mitglieder) zur ›romantischsten Großmutter Amerikas‹ gewählt worden war. Den Titel

›der bezauberndsten Großmutter Amerikas‹ hatte Gloria Swanson erhalten.

Zu einem Presseempfang für Marlene im Dorchester hatte Henry Koster unter anderem auch Walter Rilla eingeladen. Mit Walter Rila hatte Marlene in den zwanziger Jahren in den beiden Filmen *Der Sprung ins Leben* und *Prinzessin Olala* vor der Kamera gestanden. Koster wollte Marlene und Rilla mit der Einladung eine Freude machen, aber sie hatten sich wenig zu sagen, denn Marlene ließ sich weder gern an ihr Alter erinnern noch an diese schwere Zeit in Berlin; ebenso hatte sie später behauptet, sie habe überhaupt keinen Stummfilm gedreht. Es waren immerhin siebzehn Stück, bis sie mit der Lola-Lola im *Blauen Engel* Furore machte.

Für *No Highway* hatte sich Marlene eigenhändig die Friseuse Joan Smallwood engagiert. Die Smallwood hatte für Marlene in *Stage Fright* und 1936 ebenfalls in den Denham-Studios in *Knight Without Armour* gearbeitet, und Marlene gefiel ihr fröhliches Wesen.

»Marlene wurde ringsrum geliebt und verehrt«, erzählte Joan. »Trotzdem hatte ich den Eindruck, daß sie sich nicht wohl fühlte während unserer Arbeit in den Denham-Studios. Sie schien mit den Gedanken immer ganz weit fort zu sein. Ich machte mir Sorgen um Mrs. Dietrich, weil sie fast gar nichts aß. Aber einmal konnte ich sie doch dazu überreden, ein paar Häppchen mit mir mitzuessen. Ich stellte ein Tablett mit kaltem Braten, Mayonnaise und Salaten vor sie hin. Und das Unglück wollte es, daß das Tablett rutschte und sich der ganze Inhalt über ihr Kleid ergoß. Aber sie machte nicht viel Theater, sondern wusch sich die Salatsauce mit heißem Wasser aus dem Rock.

Ich bewunderte ihre Hilfsbereitschaft. In einem kleinen Köfferchen hatte sie alle möglichen Medikamente, Pillen, Wässerchen und Pasten. Die Pillen verteilte sie großzügig an ihre Kollegen, wenn sie von irgendeinem Wehwehchen hörte.

Mit ihrer Kollegin Glynis Johns waren während der Dreharbeiten Spannungen aufgetreten. Doch als Glynis kränkelte, spielte das keine Rolle mehr für Mrs. Dietrich. Sie rief ihren eigenen Arzt an, der dann sofort kam, um Glynis zu untersuchen.

Ihre Kinderliebe war besonders groß. Als ich ihr erzählte, daß meine Tochter krank geworden war, gab sie mir einige gute Tips, die ich dann anwendete und die auch tatsächlich geholfen haben. Eines Morgens kam sie mit einer Schachtel in die Garderobe und bat mich, mich umzudrehen, während sie auspackte. ›Jetzt kannst du gucken‹, sagte sie nach ein paar Minuten und hatte vor sich ein wunderschönes Kinderkleidchen ausgebreitet. Dieses Kleidchen hatte sie extra für meine Kleine in Paris anfertigen lassen. Bis heute weiß ich nicht, woher sie die Maße hatte, denn es paßte wie angegossen.«

Das war nicht das einzige Beispiel ihrer bewunderungswürdigen Aufmerksamkeit ihren Mitmenschen gegenüber. Joan Smallwoods Ehemann Neville war im Zweiten Weltkrieg über Dünkirchen abgeschossen worden. Vorher hatte er einen Kameraden gebeten, Joan in England aufzusuchen und ihr ein Geschenk, einen Ring mit einem Topas, zu übergeben. Eines Tages erschien Joan verwirrt und ängstlich in der Garderobe. Verstört erzählte sie Marlene, daß sie den Ring verloren habe. Während der Mittagspause schickte Marlene ihren Chauffeur in die Bond Street, um nach einem Ring mit der beschriebenen Fassung zu suchen. Er kam mit mehreren zurück, und Marlene breitete sie alle vor ihr auf dem Schminktisch aus. »Ich möchte, daß du den wählst, der dem verlorenen am ähnlichsten sieht«, sagte sie. Und Joan soll tatsächlich einen gefunden haben.

Als *No Highway* vollendet war und Marlene Dietrich nach Amerika zurückkehrte, ging *Stage Fright* gerade in den Verleih. *Stage Fright* wurde ohne Begeisterung von der Kritik aufgenommen, denn man hatte von Hitchcook mehr erwartet als eine unglaubwürdige Geschichte von einem Mord unter Theaterleuten. Marlene wurde kaum lobend erwähnt, außer daß ein Kritiker sein Gähnen unterbrach, weil ›es in der Luft zu knistern begann, als Marlene Dietrich eines ihrer unsterblichen Beine über das andere schlug‹.

Marlene hoffte nun auf bessere Kritiken für *No Highway* und sollte auch nicht enttäuscht werden. Er wurde als glänzender Film beschrieben, der spontanen Beifall verdiente.

Inzwischen hatte Marlenes Tochter endgültig im amerikanischen Fernsehen Fuß fassen können, und Marlene entwickelte sich zum fähigen Public Relations-Manager für sie. Sie beriet sie in Fragen der Maske und der Kostüme, schickte Freunden und einflußreichen Bekannten Telegramme, wenn Maria im Television auftrat, mit genauer Angabe von Zeit und Programm.

# Die neue Karriere

Marlene Dietrich war noch nicht lange aus England zurück, als Fidelity Pictures ihr die Hauptrolle in dem Western *Rancho Notorious* (*Engel der Gejagten,* 1951) anbot. Das Projekt interessierte Marlene, denn Fritz Lang, dessen Arbeit sie sehr bewunderte, hatte die Regie übernommen. Fritz Lang sagte zu Peter Bogdanovich in einem Gespräch:

»Der Film war auf Marlene Dietrich zugeschnitten. Sie gefiel mir sehr. Früher sah ich sie nämlich gern. Mir schwebte ein Film vor über eine nicht mehr ganz junge, aber immer noch höchst begehrenswerte Frau in einem Tanzlokal und einen alten Revolverhelden, dessen Reaktionsvermögen nachgelassen hat. So erfand ich denn die Geschichte. Marlene hat mir das übelgenommen; sie wollte nichts wissen von einem allmählichen Übergang in eine auch nur ganz geringfügige ältere Kategorie. Mit jedem Film wurde sie jünger, bis sie sich schließlich unmöglich machte. Auch verbündete sie sich mit einem Schauspieler gegen einen anderen; das war nicht sehr erbaulich.

Ich rede nicht gerne schlecht von Marlene. Über mich hat sie ja viel Schlimmes gesagt und geschrieben; ich habe ihr allerlei Unannehmlichkeiten zu verdanken. Aber oft konnte ich mich mit der Art, wie sie etwas anpackte, schlechterdings nicht einverstanden erklären. Sie stand immer noch sehr unter Sternbergs Einfluß. ›Sternberg hätte das so und so gemacht‹, sagte sie jeweils. ›Schon möglich‹, sagte ich, ›aber ich heiße Lang.‹ (Sternberg ist intelligent und ein guter Regisseur; mit Marlene hat er ein paar ausgezeichnete Filme gemacht.) Es war alles höchst unerfreulich. Vielleicht war ich allzu sehr von mir eingenommen und dachte, ich könne etwas für sie tun; ja – wenn sie Vertrauen zu mir gehabt hätte … Gegen Ende der Dreharbeiten sprachen wir schon lange kein Wort mehr miteinander …«

*Rancho Notorious* wurde von den meisten Kritikern als langweilig abgetan. Alton Cook schrieb in ›The New York Telegram and Sun‹: ›*Rancho Notorious* ist ein überaus üppiger Wildwestern mit Landschaft, Gesang und Marlene Dietrich in Farbe. Alles was man von einem Wildwester verlangen kann, ist reichlich vorhanden, nur unterhaltsam ist er nicht … Neben all den Stars hat der Film – man denke – auch noch Fritz Lang als Regis-

*Arthur Kennedy, Marlene Dietrich und Mel Ferrer (von links) in ›Rancho Notorious/Engel der Gejagten‹, 1951. Regie Fritz Lang.*

seur aufzuweisen. Das nennt man mit einem Dampfhammer Ameisen zerquetschen ...‹

Westernexperte Joe Hembus schrieb über den Film: ›Der Film ist so schrecklich faszinierend wie Marlenes Maskengesicht, wenn sie zerschmetternde Sätze sagt wie ›Ich wollte, du könn-

*Eine der wenigen Attraktionen des Filmes ›Rancho Notorious/Engel der Gejagten‹, 1952, waren die Beine von Marlene Dietrich.*

test weggehen und dann wiederkommen … in zehn Jahren!‹‹
Der Rundfunk war ein Medium, das Marlene sehr schätzte. Die
ABC produzierte eine Sendung *Café Istanbul,* die an Sonntag-
abenden ausgestrahlt wurde. Es handelte sich um eine Rund-
funkbearbeitung von *Casablanca (Casablanca,* 1943). Marlene

spielte in dieser Sendung die weibliche Version der von Humphrey Bogart gespielten Rolle. Mit der Bearbeitung war sie häufig nicht einverstanden und saß oft bis zum Morgengrauen an ihrer Schreibmaschine, um das Manuskript umzuschreiben. Obwohl sie den Stoff später nochmals bearbeitete unter dem Titel *Time for Love,* wurde das Stück wieder ein Reinfall.

Marlene hat stets vermieden, öffentlich über ihre Freunde zu sprechen, und ist den Fragen indiskreter Reporter möglichst aus dem Wege gegangen. Auf die Frage eines Journalisten, wer der Mann sei, den sie am meisten bewundere, wollte sie zunächst ausweichen, aber der Journalist ließ nicht locker. Nach einer Pause sagte sie schließlich: »Erich Maria Remarque ...«

Marlene und Remarque waren in den dreißiger Jahren eng befreundet. Über ihre Beziehung haben sie nie zu jemandem gesprochen. Kurz nach dem Krieg veröffentlichte Remarque seinen Roman ›Arc de Triomphe‹, für dessen weibliche Romanfigur Joan Madoum Marlene Dietrich Modell gestanden haben soll; gewisse Ähnlichkeiten sind unschwer zu erkennen. Denver Lindley, der für Remarque als Übersetzer arbeitete, erzählte, das Marlene diese Rolle gern in der Verfilmung des Romans 1948 gespielt hätte, aber Remarque das wohl nicht gewollt hatte.

In dem Film *No Highway* sagt Marlene in der Rolle der Monica Teasdale in einer Szene, in der sie darüber nachdenkt, was ihr der Erfolg im Leben bedeutet hat: »Diese Filme sind ein paar Büchsen Zelluloid, die eines Tages auf dem Schuttabladeplatz landen werden.« – Marlene wollte aufhören, Filme zu drehen, und wieder als Sängerin auftreten. Die mittelmäßigen Filme, die sie in den letzten Jahren gemacht hatte, entsprachen nicht ihrem Niveau und hatten sie nicht mehr befriedigt. Sie hatte zwar zu einem Reporter einige Jahre zuvor gesagt: »Alles, was ich will, ist weiter Filme zu machen, weil mir das einen Riesenspaß macht«, aber davon konnte in den frühen fünfziger Jahren keine Rede mehr sein.

Seit den erfolgreichen Truppenbetreuungs- und Konzerttourneen mit Danny Thomas war es immer ihr Wunsch gewesen, als Kabarettsolistin eine eigene Show in Szene zu setzen. Sie wußte, wie das Publikum zu gewinnen war. Sie war nun schon über fünfzig Jahre alt, war sich aber bewußt, daß sie hervorragend aussah und ihre Beine verführerisch waren wie eh und je. Marlene kannte ganz genau das Volumen ihrer Stimme, benutzte eigene Variationen und textete selbst. Die Tonart ihrer Lieder hatte sich in den letzten fünfzehn Jahren nicht verändert. Sie hielt sich an die Beleuchtungsart, die sie gemeinsam mit Sternberg ausgetüftelt hatte. Ein bekannter Kritiker schrieb einmal über sie: ›Die Dietrich ist eine musikalische Mutter Courage, die auf niemanden und keine äußere Hilfe angewiesen ist, außer vielleicht auf das sie zärtlich umspielende Spotlight, mit dem sie eine ständige und ausschließliche Liebesaffäre unterhält.‹

Bereits jenseits der Fünfzig, begann Marlene mit ihrer neuen Karriere als Entertainer. Von nun an war sie nicht nur ihr eigener Regisseur, Kameramann, Beleuchter, Kostüm- und Bühnenbildner, sondern auch ihr eigener Agent und Manager. Als höchstbezahlter Star des ganzen Entertainments trat Marlene 1953 zum erstenmal für 30.000 Dollar pro Woche mit ihrer Soloshow im Sahara-Hotel in Las Vegas auf. Jean Louis, der Chefkostümbildner der Columbia, entwarf ihr ein Kleid, das sie einmal in Weiß und einmal in Gold haben wollte. Fünfzehn Schneiderinnen arbeiteten an dieser Robe drei Monate lang, weil Hunderte von Glassteinen an das Kleid genäht werden mußten. Als das Kostüm endlich fertig war, ließ Marlene sich darin fotografieren. Ihr Enkelsohn John Paul betrachtete seine Großmutter und sagte: »Missy sieht aus wie ein Weihnachtsbaum.«

Ihr Auftritt wurde zu einer Sensation. Die Fotos wurden in der ganzen Welt veröffentlicht und das Kleid von den Kritikern als ›transparente Hülle‹ beschrieben. Marlene protestierte und behauptete, die Fotos würden die Realität verfälschen. »Diese Blitzlichter könnten selbst einen schwarzen Pullover durchsichtig machen.«

Im ersten Teil ihrer Show trat sie immer sehr feminin gekleidet auf und wies darauf hin, daß dieser Teil der Show für das männliche Publikum gedacht sei. Im zweiten Teil ließ sie sich wie im Zirkus mit einem Trommelwirbel ankündigen und erschien in einem Smoking und Zylinder, als Augenweide für die Frauen. Das Publikum raste, wenn sie dann mit träger und müder Stimme ihre bekannten Lieder sang. Die Show in Las Vegas lief drei Wochen lang.

Als das Café de Paris in London, das im Krieg von Bomben völlig zerstört worden war, wiedereröffnet wurde, hatte der Besitzer die gewagte Idee, Greta Garbo auftreten zu lassen. Die Garbo lehnte dieses Ansinnen aber ab.

Der Besitzer Neville-Willing verhandelte mit Marlene und hatte Glück. Marlene sagte zu.

Sie setzte diese Show mit ihrem Freund, dem Komponisten und Bandleader Burt Bacharach, in Szene. Die Presse- und Anzeigenarbeit wurde sorgfältig bewältigt, und nachdem man Marlenes Auftritt angekündigt hatte, war das Haus nach zwei Stunden ausverkauft.

Ihr alter Freund Noël Coward holte sie vom Londoner Flugplatz ab und begleitete sie, von Polizisten eskortiert, ins Café de Paris, wo er sie dem Publikum mit folgenden Worten vorstellte:

> »Wir sähen sicher alle gern
> Die schöne Helena als Stern
> Im Kabarett und auf der Szene,
> Doch glaub' ich kaum, daß ihr Talent
> Sich im geringsten messen könnt'
> Mit dem unserer bezaubernden Marlene.«

Ein Journalist schilderte seine Eindrücke von diesem Abend. »Ohrenbetäubender Lärm umbrandete Marlene, als sie die Treppe hinunterschritt. Sie lächelte, küßte Coward und sang dann vierzig Minuten ihre Lieder: ›Lazy Afternoon‹, ›See What the Boys in the Backroom Will Have‹, ›I'm the Laziest Girl in Town‹, ›One for My Baby‹ und endete mit ›Falling in Love Again‹.«

Das Gastspiel in London im Café de Paris war von Anfang an ein riesiger Erfolg. An den folgenden Abenden traten immer andere Stars an die Stelle von Noël Coward, um Marlene dem Publikum zu präsentieren. Zu ihnen gehörten: Richard Todd, Michael Redgrave, der ein Lied vortrug, das er als Hommage an die Dietrich selbst komponiert hatte, Laurence Harvey und Robert Morley, der nach Marlenes Ansicht eine sehr weitschweifige Rede hielt. Sie kommentierte: »Der hat vergessen, daß ich auch noch auftrete!«

Im Café de Paris war alles vertreten, was Rang und Namen hatte. Zu Marlenes Ehrengästen gehörten die Spolianskys, Kenneth Tynan, Robert Sherwood und natürlich Sir Alexander Fleming, der nun endlich Marlene in Glanz und Glamour bewundern konnte. Menschenmengen säumten den Gang zu ihrer Garderobe. Viele bekannte und unbekannte Größen wollten sie besuchen, aber Marlene siebte ihre Gäste. Unter anderen hatte sie auch ihre Friseuse Joan Smallwood eingeladen. Marlene erschien unter ihrer Garderobentür, entdeckte sie unter den Wartenden und zog sie mit den Worten: »Die Herzöge lassen wir einfach warten, mein Schatz!« in ihre Garderobe.

Marlene rührte die Werbetrommel. Sie erschien auf Wohltätigkeitsveranstaltungen zugunsten kranker Kinder, besuchte Gartenpartys im Regent Park und Wohltätigkeitsfeste, die Noël Coward arrangiert hatte. Auf einem Essen, das zugunsten der Organisation ›Bekämpfung der Kinderlähmung‹ stattfand, hielt sie eine Rede, in der sie sagte, daß eine Erkältung nicht immer eine Erkältung sein müsse, sondern auch der Anfang einer Polio-Erkrankung sein könne. Die Mediziner, die diese Rede über sich ergehen lassen mußten, teilten ihre Ängste nicht vollständig und warnten vor übermäßiger Hysterie.

Am Ende ihres Aufenthalts in London überschüttete sie alle Beteiligten der Show mit großzügigen Geschenken.

Diese Krautschnauze* ist das Beste,
was je in den Ring gestiegen ist.

*Ernest Hemingway
über Marlene Dietrich*

* Kraut: amerikanisches Schimpfwort für Deutsche (von Sauerkraut)

# Hommage an Marlene

Im August 1954 reiste Marlene von London über Paris an die französische Riviera, um in Monte Carlo im Casino de Paris anläßlich des ›Bal de la mer‹ aufzutreten. Marlene trug ihr Las Vegas-Kostüm und wurde von Jean Marais einem Publikum von 1500 Leuten vorgestellt. Marais sprach das Grußwort, das sein Freund Jean Cocteau zu diesem Anlaß für Marlene geschrieben hatte.

»Marlene vorzustellen, das ist gar nicht notwendig. Ich will sie grüßen und ihr danken, daß es sie gibt. Nur selten tritt jemand in die Annalen der Geschichte so ein: gerüstet von Kopf bis Fuß. Wie Kinder, die Reiterspiele machen, ist Marlene zur Legende geworden: rittlings auf einem Stuhle sitzend.

Und wer sie kennt und erleben konnte, wie sie plötzlich unvermutet rittlings auf einem Stuhl sitzt und singt: ›Ich bin von Kopf bis Fuß auf Liebe eingestellt …‹, der hat die Perfektion an sich erlebt.

Diese Vollkommenheit ist mehr als nur umwerfender Sex-Appeal. Wenn sich Marlene zu einem Striptease hergäbe – und dabei, ganz nach ihrer Art, bis zum Letzten ginge –, bliebe von ihrer Person doch noch das Wesentliche erhalten: ein Herz aus Gold. Denn sie ist nicht nur ein Paradiesvogel, ein prächtiges Schiff mit geblähten Segeln, nicht nur verkörperte Grazie, deren Federbüsche, Pelze mit der Haut verwachsen scheinen. Sie gehört zu den seltenen Menschen, die die Güte in Person sind, die nicht davor zurückschrecken, den Ozean zu überqueren, wenn es darum geht, behilflich zu sein. Mehr braucht nicht gesagt zu werden. Ich möchte nicht zu lange die Ehre in Anspruch nehmen, die darin besteht, über sie zu reden. Weitaus erfreulicher ist, sie nun zu sehen: Sie, deren Name wie eine Zärtlichkeit beginnt und wie ein Peitschenschlag aufhört: Marlene… Dietrich.«

›Las Vegas‹, so hieß es im Herbst 1954 in der ›Los Angeles Times‹, ›hat uns gezeigt, daß es keine Narben auf dem berühmten Körper der Marlene Dietrich gibt – nur ein kleiner Leberfleck war an der rechten Hüfte zu entdecken.‹

Marlene war in einem schleierdünnen Gewand aufgetreten und

sang ›Look Me Over Closely‹. Bei diesem Auftritt bewegte eine Windmaschine ihren Rock, drückte ihn an sie und ließ ihn sich wieder bauschen. Das Publikum war begeistert und von ihrer Schönheit fasziniert.

Marlene unterschrieb in Las Vegas einen Zweijahresvertrag, in dem ihr 100.000 Dollar pro Jahr garantiert wurden. Ein ähnlicher Vertrag existierte mit dem Café de Paris in London.

In dieser Zeit veröffentlichte sie eine Reihe von Zeitungsartikeln, in denen sie Lebensweisheiten verkündete und gute Ratschläge gab. Einer dieser Artikel erschien unter der Überschrift: ›Wie wird man geliebt.‹ Darin hieß es:

›Einen Mann glücklich zu machen, ist ein Beruf, das sind keine Ferien. – Da bleibt uns wenig Zeit, an uns selbst zu denken. Hat man Kinder, sollte man eigentlich gar keine Zeit mehr haben. Je mehr Arbeit man hat, desto weniger Zeit bleibt uns, neurotisch zu werden. Einen Haushalt richtig zu führen, bedeutet oft Schmerzen in den Knochen, aber an der richtigen Stelle. Dagegen hilft ein heißes Bad, das man nehmen sollte, bevor er heimkommt ...‹

Nach diesem Artikel wurden Marlene Dietrichs ›Definitionen und Ansichten‹ veröffentlicht. Diese Serie enthielt Marlenes ganz persönliche Meinung zu Problemen, Begriffen und Situationen, die sie im Laufe der Zeit selbst niedergeschrieben hatte.

*Glamour:* Glamour – Zauber ist mit einem Wort definiert: Selbstsicherheit. Es ist das Wissen, daß man selbst in Ordnung ist, geistig, körperlich, und in jeder Situation weiß, wie man sich zu verhalten hat.

*Erfolg:* Erfolg im Leben hängt von Ihrem Sinn für Werte ab.

*Geld:* Klug angelegt, macht es glücklich. Lassen Sie sich von niemandem einreden, daß das nicht so ist. Hätte ich jetzt viel Geld, würde ich Nahrungsmittel an die hungernden Kinder Europas schicken. Ich würde sie glücklich machen und mich auch.

*Vorurteile:* Das sind Ideen, die unwahr sind, die man an uns weitergegeben hat und die wir unseren Kindern nicht vermitteln sollten, um die Liste politischer Irrtümer nicht noch zu verlängern.

*Männer:* Im allgemeinen sind Männer bessere Wesen als Frauen. Sie haben einen besseren Charakter, mehr Verstand und denken logischer.

*Plackerei:* Man hat mich gefragt, ob ich zu Hause Fußböden

schrubbe. Wieso denn nicht. Natürlich! – Ich mache alles, was mir notwendig erscheint. Außerdem, ich liebe saubere Fußböden.

*Liebe:* Was ist Liebe? Wenn Sie es nicht wissen, würden Sie es auch nicht verstehen, wenn ich es Ihnen erklärte. Wenn Sie es wissen, muß ich es Ihnen nicht erklären. Über Liebe sollte man nicht nachdenken. Die Liebe ist etwas Edles und Großartiges.

Die Weisheiten der Dietrich wurden populär. Für diese Serie erhielt sie angeblich 20.000 Dollar. Als man ihr vorschlug, einen Ghostwriter zu beschäftigen, lehnte sie das ab. »Schreiben«, erklärte sie, »ist viel leichter als Singen oder Schauspielerei.« Nach einer Pause fuhr sie dann fort: »Ich habe gar keine Lust zu schreiben, zu filmen oder zu singen. Ich habe keinen Ehrgeiz. Ich arbeite, weil ich Geld brauche.«

Zur gleichen Zeit ließ die Geschäftsleitung des Café de Paris eine kleine Tafel an die Säule montieren, an die sich Marlene immer gelehnt hatte, wenn sie den Applaus entgegennahm. Die Inschrift lautete: Hier lehnte Frau Dietrich.

# Bernie Braddock

Im Mai 1955 reiste Marlene wieder nach London, um ihren Vertrag mit dem Café de Paris zu erfüllen. Damals bekam sie eine Gage von 6000 Pfund in der Woche.

Ihr sehnlichster Wunsch war es, das Apartment zu mieten, das der Architekt Messel für das Dach des Dorchester Hotel entworfen hatte. Die Miete betrug 25 Guineas (eia Guinene = 21 Shilling). Zur Zeit wurde das Apartment von Danny Kaye bewohnt. Als Danny Kaye von Marlenes Wunsch erfuhr, war er sofort bereit, das Apartment zugunsten Marlenes zu räumen.

Zur Premiere ihrer Show waren Clifton Webb, der Sultan von Johore, Christopher Fry, Tyrone Power, Leslie Caron und Evelyn Williams erschienen, um nur einige wenige zu nennen. Douglas Fairbanks jr. hielt die Eröffnungsrede, die Christopher Fry zu diesem Anlaß geschrieben hatte. Von fleischfarbenen Chiffonschleiern umgeben und umweht, sang Marlene ihre berühmten Lieder ›La Vie en Rose‹, ›Lili Marlen‹, ›Lola‹, ›Johnny‹, ›Ich bin von Kopf bis Fuß auf Liebe eingestellt‹. Für das Ende dieser Show hatte sie sich eine Überraschung ausgedacht. Mit einem breiten Cockney-Akzent, der berlinerisch gefärbt war, sang sie ›Knocked 'em in The Old Kent Road‹. Das Publikum raste und applaudierte. An die bewußte Säule gelehnt und lächelnd nahm sie die Ovationen ihrer Verehrer entgegen. Allabendlich wechselten die Stars, die Marlenes Auftritt ankündigten. Neben Orson Welles, Jack Hawkins, Robert Morley und Eva Bartok war es auch einmal eine gewisse Bernie Braddock, eine MP-Beamtin aus Liverpool. Das Publikum war einigermaßen erstaunt darüber, aber Bernie machte ihre Sache dann sehr gut. Als sie im Scheinwerferlicht erschien, begannen die Gäste zu lachen und zu kichern. Aber Bernie ließ sich nicht so leicht irritieren. Nachdem sie die einführenden Worte gesprochen hatte, erschien die raffiniert zurechtgemachte Dietrich. Marlene in einen Traum von Kostüm gehüllt und daneben die pummelige Bernie – dieses Bild veranlaßte das Publikum zu lautem Gejohle. Aber die Dietrich, jeder Zoll ein Profi, verstand die Situation glänzend zu meistern. Sie betrachtete die Abzeichen, die Mrs. Braddock am Revers trug. »Was ist das?« fragte sie ein wenig amüsiert.

»Das ist das Abzeichen der Labour Party, das hier von Union of Shop und das vom Distributive of Allied Workers!«

»Und das?« Marlene tippte auf ein Abzeichen, das einen Boxer mit erhobenen Fäusten zeigte.

»Ich bin Ehrenpräsident des professionellen Boxerclubs«, sagte Bernie strahlend.

»Wirklich« sagte Marlene gedehnt. »Wie süß!«

Auf die Frage, warum sie die Einladung angenommen habe, sagte Bernie Braddock, daß sie Marlenes Arbeit für die alliierten Truppen bewundere und daß sie vorhabe, Marlene zu bitten, mit ihr im House of Commons anzutreten. Marlene nahm die Gegeneinladung an.

# Marlenes Garderobe

Rudolf Sieber lebte 1953 noch in New York. Nach einer äußerst komplizierten und gefährlichen Magenoperation war es ihm nicht mehr möglich, einen normalen Beruf auszuüben. Er zog aufs Land nach Sylmar, im San Fernando Valley, und kaufte sich dort eine Hühnerfarm. Das Haus war in einem furchtbaren Zustand, vollgestopft mit alten Möbeln und allem erdenklichen Krimskrams. Die alte Haushälterin Eva Wiere führte ihm den Haushalt. Marlene besuchte ihn häufig, um ein wenig Ordnung zu schaffen. Sie putzte die Fußböden und ging ihm zur Hand beim Ausmisten der Hühnerställe.

Seine Lebensgefährtin Tamara Matul, einst eine russische Schönheit, mit der er seit 1927 befreundet war und zusammenlebte, litt schon seit langem an einer Nervenkrankheit und mußte 1960 in eine Anstalt gebracht werden. Sieber erlitt kurz darauf einen Schlaganfall. Marlene wich keine Minute von seiner Seite und pflegte ihn gesund. Journalisten hatten immer wieder versucht, Sieber ein paar Sätze über seine Ehe mit Marlene zu entlocken. Seit über zwei Jahrzehnten hatte er kein einziges Interview mehr gegeben. Er hatte Marlene schwören müssen, niemals ein Wort über ihre Ehe zu sprechen. Sieber hielt sein Versprechen und begründete sein Schweigen mit seiner Scheu und daß er nicht gern im Rampenlicht stünde.

1956 reiste Marlene wieder nach Europa, um mit Vittorio de Sica in dem Film *The Monte Carlo Story* (*Die Monte Carlo Story*) zu spielen. Die Aufnahmen fanden im Titanus-Atelier in Rom statt, die Außenaufnahmen in Monte Carlo. Marlene spielte die Marquise Maria de Crevecoeur und de Sica den Grafen Dino della Fiaba. Beide sind sie Spielernaturen und daher hoffnungslos pleite. Sie lernen sich in Monte Carlo im Casino kennen. Jeder hofft, daß der andere mit Reichtum gesegnet ist, doch bald müssen sie sich ihre finanzielle Misere eingestehen. Nach Flirts mit einem reichen Amerikaner und dessen Tochter, die dem Grafen zu einem beträchtlichen Gewinn am Spieltisch verhilft, finden die beiden wieder zusammen.

Marlene war wohl nicht sehr glücklich in Italien. Mit der Presse gab es unliebsame Zusammenstöße. Marlene reagierte auf die

*David Niven und Marlene Dietrich in ›Around The World In 80 Days/In 80 Tagen um die Welt‹, 1956.*

Fragen der Reporter sehr gereizt. Berührten sie das Thema ›zauberhafteste Großmutter‹, wurde sie wütend. »Ich höre nur noch Großmutter, Großmutter! Müssen denn Großmütter immer auf Krücken herumkriechen?«
In Monte Carlo wollte sie ins Casino gehen. Sie trug einen sünd-

*Marlene Dietrich und Vittorio De Sica in ›The Monte Carlo Story/Die Monte Carlo Story‹, 1957.*

haft teuren Hosenanzug aus schwarzer Seide. Der Zutritt ist aber Frauen in Hosen nicht gestattet. Marlene schlug Krach, aber es nützte nichts. Man ließ sie nicht hinein. Die Presse rannte ihr nach diesem Vorfall das Haus ein, aber Marlene schwieg eisern und warf die Reporter hinaus. – Mit ihrer sechzehnjährigen Partnerin Natalie Trundy weigerte sie sich, für die Fotografen zu posieren. Offenbar konnte sie die blühende Jugend dieses Mädchens nicht ertragen.

Als der Film einige Monate später in die Kinos kam, waren die Kritiken verheerend. Cecil Wilson, einst ein glühender Verehrer Marlenes schrieb:

›Ich hätte nicht gedacht, daß mich die Mischung der schönen Marlene Dietrich mit dem schönen Monte Carlo so langweilen könnte. Nun, das Unmögliche ist eingetreten‹.

In der New Yorker ›Time‹ war zu lesen:

*The Monte Carlo Story* läßt sich bis zu einem gewissen Punkt recht lustig an. Leider ist dieser Punkt zwanzig Minuten nach dem Beginn des Films erreicht; dieser dauert aber noch weitere neunundsiebzig Minuten ... Der Gedanke war natürlich, die glanzvolle Dietrich den Millionen, die sie einst auf der Lein-

*Marlene Dietrich 1956 in Rom während der Dreharbeiten zu ›The Monte Carlo Story/ Die Monte Carlo Story‹.*

159

wand verehrten, zurückzugeben, wo doch die Nachtlokale, in denen sie auftritt, immer zum Bersten voll sind. Doch der Regisseur, Samuel Taylor, bestand taktloserweise darauf, daß die Schöne (die jetzt kein Hehl mehr daraus macht, in den Fünfziger zu sein) sich auf Liebesdinge konzentriere, und hat die Möglichkeiten ihres Talents für höhere Komik weitgehend außer acht gelassen. Dem Kinobesucher entgeht deshalb peinlicherweise nicht, daß die Sirene etwas eingerostet wirkt; und es wird ihm zu wenig Gelegenheit geboten, festzustellen, daß ihre Schönheit nach wie vor überwältigt.‹

1959 trat sie in Las Vegas in einem Kleid auf, das alle bisherigen in den Schatten stellte. An dieses Kleid waren über 200.000 Perlen genäht worden, was mehrere Monate in Anspruch nahm. Sie trug einen Umhang mit einer über drei Meter langen Schleppe, die aus den Brustfedern von dreihundert Schwänen gefertigt worden war. Man munkelte, dieses Wunderwerk habe 20.000 Dollar gekostet.

Nach ihrer Garderobe befragt, sagte die Dietrich: »Schließlich zahlen die Leute dafür, mich gut angezogen auf der Bühne zu sehen. So ist die Kleiderfrage ein berufliches Problem für mich. Meine Garderobe ist ebenso wichtig wie der Text meiner Lieder.« Provozierend setzte sie hinzu: »Ich trage auch nie Unterhosen, denn sie verderben ein gutgeschnittenes und enganliegendes Kleid.«

Die Directrice eines bekannten Pariser Modehauses, Madame Ginette, wußte, was es hieß, Marlene anzuziehen.

»Sie ist eine der schwierigsten Kundinnen der Welt«, sagte sie. »Wenn Frau Dietrich sagt: ›Das nehme ich‹, dann geht das ganze Theater erst richtig los. Das Futter einer Jacke mußten wir sechsmal heraustrennen. Ich konnte nicht mehr an mich halten und sagte zu ihr: ›Das Publikum schaut auf Sie und ihre Beine. Es wird das kleine Fältchen im Futter gar nicht bemerken. Sollte das aber trotzdem der Fall sein, dann ist der Film nichts wert.‹ Darauf erwiderte sie: ›Und wenn meine Tochter in zwanzig Jahren den alten Film anschaut und die Falte entdeckt, wird sie sagen: ›Mama war hier aber sehr nachlässig.‹ – Darauf wußte ich nichts mehr zu sagen und ließ das Futter das siebente Mal herausnehmen.«

Marlene war es sehr wichtig, zu jeder Gelegenheit immer richtig angezogen zu sein. »Ich ziehe mich für mein Image an«, erklärte sie. »Nicht für mich, nicht für das Publikum, nicht für die Mode, nicht für die Männer. Als die Leute mich im *Blauen Engel* sahen, glaubten sie, das wäre ich. Aber das stimmte nicht. Kleider langweilen mich. Ich trage sehr gerne Jeans. Natürlich Männerjeans. Ich kaufe sie im Kaufhaus. Ich weiß nicht, wann ich mir zum letztenmal eine gekauft habe. Sie halten so lange und werden immer schöner. Ich ziehe mich nur für den Beruf an. Ich lasse mir Kleider machen, weil ich ungewöhnlich gebaut bin: breite Schultern, schmale Hüften. Gehe ich mit jemandem aus, weiß ich, daß ich mich so anziehen muß, daß man mich herzeigen kann. Ich ziehe mich je nachdem an, was ich tue oder wo ich bin. In Paris richte ich mich verrückter her als in New York. Mit meiner Garderobe habe ich nie etwas falsch gemacht. Bemerke ich Fehler bei der Anprobe, dann bremse ich. In meinem Beruf kann ich mir auch keine Fehler leisten …«

Auf die Frage nach ihren sündhaft teuren Pelzen antwortete sie: »Ich besitze keine Pelzmäntel. Um mir einen Pelz für 10.000 Pfund zu kaufen, müßte ich viel mehr verdienen. Dann müßte ich aber auch mehr Steuern zahlen. Die amerikanischen Finanzämter quetschen mich aus. Diesen Pelz hier …« sie trug einen wilden Nerz –, »… hat mir Balenciaga rübergeschickt.«

Ihr Krieg mit den Presseleuten wurde 1959 durch ihren triumphalen Erfolg in Paris im ›Théâtre de l'Etoile‹ beigelegt. Es war ihr erster Auftritt nach dem Krieg in Paris. Paul Tranfield beschrieb den Zauber, den Marlene verbreitete, wenn sie die Bühne betrat: »Marlene tritt nicht, sie weht ans Mikrophon. Ihr Haar ist eine Kaskade gesponnenen Goldes. Ihr Kostüm enger und anschmiegsamer als Haut. Ihr Körper der einer blutjungen Frau. Das Alter, hatte Shakespeare einmal gesagt, kann sie nicht zum Welken bringen. Er sprach von Kleopatra, ich von Marlene Dietrich …«

In Paris machte sie die Erfahrung, daß es auch ernsthafte Journalisten gab, mit denen sich zu unterhalten sich lohnte. Zu ihnen gehörten Nancy Spain und Robert Müller. Robert Müller traf sie nach einem ihrer ersten Auftritte im l'Etoile.

»Hören Sie«, sagte sie ganz offen. »Ich lebe nach der Regel: Angebot und Nachfrage. Wünscht man, ich soll singen, dann singe ich. Wünscht man, ich soll filmen, dann filme ich.«

»Ich werde immer wieder gefragt, was mich bei der Stange hält – alles Angebot und Nachfrage. Wenn sie Geld von mir wollen, gebe ich es ihnen. Soll ich gute Ratschläge geben, dann gebe ich

Ratschläge. Wenn sie sich mit mir zeigen wollen, lasse ich mich mit ihnen sehen. Wenn die Leute mich nicht bitten würden, ginge ich nirgendwo hin.«

Robert Müller fragte nach ihrem Verhältnis zu Männern: »Ich fühle mich immer zu intelligenten Männern hingezogen. Ich sehe sofort, ob ein Mann Verstand hat oder nicht. Das Alter ist mir einerlei.«

Auf die Frage nach ihrer Zufriedenheit erklärte sie: »Wenn mir irgend etwas leid tut, ist es das, nie etwas wirklich Wertvolles erreicht zu haben in meinem Leben; etwas für die Menschheit getan, wie ein Arzt oder ein Chemiker. Denn was habe ich schon Großartiges getan. Ich bin austauschbar. Aber Jonas Salk oder Alexander Fleming sind es nicht.«

Als ihr Engagement nach vierzehn Tagen zu Ende war, flog sie wieder nach Hollywood. Sie hatte fünfzig Gepäckstücke und sollte 600 Franc für das Übergewicht zahlen.

»Wie können sie es wagen«, sagte sie hoheitsvoll. »Ich bin Marlene Dietrich!«

# Eine slawische Seele

Ihr Erfolg in Paris öffnete den Weg zur Deutschland-Tournee im Mai des folgenden Jahres. Marlene Dietrich sah diesem Besuch etwas beklommen entgegen. Ohnehin würde sie nur in Westdeutschland singen, nicht aber in der DDR. Nicht einmal eine Tagesgage von 1700 Pfund konnte sie bewegen, in Ost-Berlin zu singen.

In West-Berlin wurde sie von 2000 Menschen, mit Bürgermeister Willy Brandt an der Spitze, begeistert empfangen. Es wurde eine wundervolle Tournee, und Marlene Dietrich war brillant und unwiderstehlich. Einmal rannte eine Siebzehnjährige ihrem Auto nach und schrie: »Ich hasse Sie, Sie haben Deutschland im Krieg verraten!«

In Bad Kissingen gab es trotz ihres erfolgreichen Bühnenauftritts »Buhs« und Schmährufe von der Galerie. Sie verließ das Theater durch den Hintereingang.

Trotz Verstimmungen hier und da wurde ihre Tournee ein großer Erfolg. Die Deutschen wollten wissen, ob sie ›ihre‹ Marlene nun zurückgewonnen hätten. Und Marlene wollte wissen, ob sie ›ihre‹ Deutschen wieder zurückgewonnen hatte. Das ergab eine gewisse Spannung, zumal Marlene ihrem Haß auf die Nazis ungeniert Luft machte. Wenn sie auf die ewig Unbelehrbaren traf, war sie von Eiseskälte.

Ein Jahr später nahm sie eine Rolle in Stanley Kramers Film *Urteil von Nürnberg* (1961) an. Sie spielte eine deutsche Witwe.

Ein paar Monate später sang sie bei einem Treffen alter El Alamein-Kämpfer und brachte die Afrika-Veteranen zum Weinen. Sie sang Soldatenlieder wie ›Lili Marlen‹ und ihren alten Hit ›The Boys in the Backroom‹. Über den Krieg sagte sie: »Was man vom Krieg in Erinnerung behalten sollte, ist, wie wir da alles geteilt haben. Da hieß es, ich teile mein Essen, mein Wasser, meine Sicherheit, meine Not mit dir. Heute heißt es: Halt bloß alles fest, sonst schnappt's dir jemand weg. Teilen täte uns auch heute gut.«

Und ein paar magische Momente lang glaubten die ›Wüstenratten‹ angesichts dieses seltsam-schönen Gesichts im Scheinwerferlicht, daß der Krieg doch vielleicht auch ein schönes und emotionelles Ereignis gewesen war und nicht nur das blutige Gemetzel und die Tragödie aus Langeweile und Schmerz.

Die Königsmutter war da, und Monty sprach zu den 5000 alten Soldaten. Vera Lynn sang ›A Nightingale Song in Berkeley Square‹.

Dann sang Marlene, sie sang ›Sag mir, wo die Männer sind – wo sind sie geblieben …?‹

Wie üblich wurde es ein Riesenerfolg. Ein paar Wochen später sang sie in der Royal Variety Show. Mit ihr (oder wenn man so will, gegen sie) traten die Beatles auf.

Wie reagierte sie auf diese jungen Kerle? »Die Beatles? Ich finde sie ganz wunderbar, wer nicht!« Eine tolerante Einstellung in einer Zeit, wo so viele ältere Leute im britischen Empire die Beatles für den Fall desselben verantwortlich machten.

Als sie mit den Jungen aus Liverpool probte, war sie in großartiger Form. Sie war erfahren genug, um zu fühlen, daß die Mehrzahl der Leute, die die riesige Abendkasse von 50.000 Pfund für die Künstleraltershilfe zusammengebracht hatten, hauptsächlich die Langhaarigen aus Liverpool zu sehen wünschten. Sie ließ sich mit ihnen bei den Proben fotografieren und fand es ganz richtig, daß die Beatles mit ihrem speziellen Humor jedem die Show stahlen.

John Lennon trat vor und rief: »Für die nächste Nummer bitte ich die Leute auf den billigen Plätzen zu klatschen, der Rest kann mit den Juwelen klappern!«

Aber als man die Einschaltquoten des Fernsehens überprüfte, zeigte sich, daß während des Beatles-Auftritts 2 394 000 Menschen in London das Programm sahen – als aber Marlene Dietrich sang, die Zahl zu 2 525 000 Einschaltungen emporschnellte. Wie dem auch sei, Marlene Dietrich hatte den Beatles das Wasser abgegraben.

Was sie wirklich von jungen Leuten hielt, erzählte sie Geoffrey Winn.

»Sie tun mir leid. Ich meine nicht nur die, die ihre Gitarren zupfen, sondern auch all die jungen Leute. Sie verbrauchen sich viel zu schnell. Sie gehen gleich miteinander ins Bett – das hält man heute für ›de rigueur‹. Aber da ist doch keine Spannung mehr drin – es ist langweilig!«

Und so kam ein Erfolg nach dem anderen, bis es keine Höhen mehr gab, die man hätte erobern können. Oder doch? Ja, freilich, das Edinburgh Festival.

Lord Harewood verkündete, Marlene würde im August 1964 mit einer 20köpfigen Band, dirigiert von Burt Bacharach, antreten. Seine Lordschaft gab zu, ›recht aufgeregt‹ diesem Tag entgegenzusehen. Marlene sollte in der Spätvorstellung auftreten. Die Gage? Lord Harewood murmelte: »Wir machen ihr's recht, und sie macht's uns recht.«

1964 war ein aufregendes und geschäftiges Jahr.

Zum erstenmal trat sie in der Sowjetunion auf. Typisch für sie ist, daß sie nach dem ersten tosenden Applaus in den Saal hauchte: »Ich glaube, ich habe selbst eine russische Seele.«

Das Estradi-Theater in Moskau erlebte 30 Vorhänge an diesem Abend.

»Alles, was ich sagen kann, ist, daß ich euch danke«, sagte Marlene mit bebender Stimme. »Ich hab' euch schon lange geliebt.«

Der Applaus soll ganze vierzig Minuten gedauert haben.

Am Ende ihrer 14-Tage-Torunee schien es, als habe sie geschafft, was Napoleon versagt geblieben war – sie hatte Rußland erobert. Das Estradi-Theater, das direkt dem Kreml gegenüber liegt, geriet völlig außer Rand und Band. Das Publikum ließ sie nicht mehr von der Bühne gehen. Sie klatschten wie die Wahnsinnigen. Frauen warfen ihr Halsketten zu.

»Nein – nein, ich kann das nicht aushalten«, rief Marlene, rannte von der Bühne und schloß sich in ihre Garderobe ein. Ein russischer Soldat sprang auf die Bühne, lief ihr in die Garderobe nach, und er schaffte es, sie wieder auf die Bühne zu holen.

Eine halbe Stunde nach der Show hatte immer noch kein Russe das Theater verlassen. Das Publikum versuchte, die Bühne zu stürmen, und warf ihr Geschenke zu. Beim 39. Vorhang zog Marlene Dietrich die Schuhe aus, preßte einen riesigen Rosenstrauß an sich und winkte dem Publikum zu.

Dann stellte sie alle Mitglieder ihres Ensembles vor: »Das ist der Mann, der mein Gepäck bewacht. Das ist der Mann, der für das hübsche Licht sorgt. Das hier ist meine Dolmetscherin Nora. Das ist der Mann vom Kultusministerium.« Bei diesem Satz schlenderte sie über die Bühne und zog einen widerstrebenden rundlichen Mann am Hemdkragen herein. Die Russen jubelten.

Nach London zurückgekehrt, sprach sie so warmherzig über die Russen, daß sie das Herz jedes Kalten Kriegers hätte schmelzen können. Da saß sie vor einem Wodka und machte Pläne, in die Sowjetunion zurückzugehen. Zu einem Freund sagte sie:

»Die Russen haben so eine Art, entweder ganz glücklich oder

ganz unglücklich zu sein. Sie kennen keine lauwarmen Gefühle. Ich habe immer noch eine slawische Seele!«

Nach diesem Erfolg hätte es leicht sein können, daß sich Edinburgh als eine Enttäuschung herausstellte. Aber Marlene ritt auf dem Kamm ihrer Erfolgswelle. Edinburgh wurde ein Riesenerfolg, und die Schotten waren ganz einmalig. Sie machten ihr das Kompliment, alle Karten selbst zu kaufen, ehe die Touristen zur Stelle waren.

Die Londoner ›Times‹, die sich sonst meist sehr hochnäsig über Entertainer ausläßt, widmete Marlene eine wahre Hymne: ›Wo ist bei ihr der Sieg des Vergänglichen? Sie arbeiten zu sehen, ist eine Lehrstunde über professionelle Artistik. Ihr Äußeres, ach, ihr Äußeres, unvergeßlich. Bleistiftdünn die Silhouette, wiegt sie sich sanft in einem glitzernden pfirsichfarbenen Kostüm, das alle Augenblicke die Scheinwerferstrahlen widerspiegelt. Das Gesicht, das berühmteste und schönste Gesicht seit Mona Lisa, und das weiß sie – das weiß sie. Wenige Leute der Bühne halten sich wie sie an den Richtsatz: ›Mach nicht nur was, sondern steh einfach da!‹ Nun, sie weiß, was das heißt.‹

Eines ihrer glücklichsten Treffen beim Edinburgh Festival war das mit dem russischen Pianisten Richter. Sie war gerade beim Essen. »Er kam an meinen Tisch und brachte mir Blumen. Stellen Sie sich das vor! Ich wollte seine Hände sehen. Sie sind groß und weich. Also das – das ist nun wirklich ein *Künstler*. Ich fühle mich nicht als Künstler, in meinem Paß steht *Schauspielerin*.«

So streng nahm sie es aber nur ausnahmsweise; im allgemeinen verstand sie sich sehr wohl als Künstlerin. Paris wäre ihr die liebste Stadt, weil Paris einen Künstler anerkenne, sagte sie.

»Ja, Paris ist Freiheit. Man läßt andere leben!«

Als man sie übers Kabarett befragte, bemerkte sie: »Ich mach' kein Kabarett. Ich spiele Theater. Das ist was anderes, oh, ich hab' Kabarett gespielt in Las Vegas und im Café de Paris – aber das ist schon fünf Jahre her.«

Dann beschloß sie, sich eine ›Chanteuse‹ oder ›Diseuse‹ zu nennen.

Im Januar 1965 verklagte sie die Air France, ihren 2500 Pfund teuren Nerz und andere Gepäckstücke verloren zu haben. Im September stimmte sie zu, für die British Overseas Airways Werbung zu machen: Mit ihren fabelhaften Beinen führte sie vor, wie fabelhaft viel Beinraum man in den englischen Jets hat. Um diese Zeit erschien zuerst in den USA und dann auch in Europa ein Buch, dessen Inhalt nicht so launig war wie sein Titel, und schon gar nicht angetan, Marlene zu amüsieren.

›Fun in a Chinese Laundry‹ sind die Memoiren des Josef von Sternberg. Das Buch erstaunte die Freunde von Marlene Dietrich. Der Mann, der sie gemacht hatte, Marlenes Jo, hatte seine Meinung über sie geändert. Das Buch erschien 36 Jahre nach der Premiere des ersten Films, den sie zusammen gemacht hatten. Sternberg war nun 71, und er sprach in seinem Buch, das er englisch geschrieben hatte, stets von ›Fräulein‹ oder ›Frau‹ Dietrich.

›Die erste, die bemerkte, wenn ich keinen Bleistift hatte, und die wegstürzte, um ihn herbeizuschaffen – die erste, die den Stuhl zurechtstellte, wenn ich sitzen wollte. Kein noch so kleiner Widerstand gegen meine totale Beherrschung ihrer Persönlichkeit.‹

›Ihre Energie war phänomenal. Sie war das Opfer schwerer Depressionen und irrsinniger Leistungshöhepunkte. Sie zu erschöpfen, war unmöglich. Sie erschöpfte alle anderen mit ihrem Enthusiasmus, wenige konnten Schritt halten.‹

Weiter sagte er, ihre Haltung ihm gegenüber sei eine Mischung aus Heldenverehrung und totaler Unterwerfung gewesen.

›Ein Geysir der Lobsprüche begann stundenlang aus ihrem Mund aufzusteigen, und ich konnte nichts dagegen tun und wurde verbrüht.‹

Marlene Dietrich war gerade in London, als Sternbergs Buch dort im Herbst 1966 auf den Markt kam. Er reiste nach London, um es vorzustellen. ›Fräulein Dietrich‹ war zu der Party, die das neue Buch feiern sollte, eingeladen.

Aber ›Fräulein Dietrich‹ ging nicht hin.

Sternberg und seine Memoiren waren ein allzu elegant versetzter Tiefschlag.

Die British Overseas Airways Corporation wirbelte Staub auf mit ihrem Poster eines Mädchens im Bikini, das in der westindischen Sonne brät. Der Slogan lautete: ›Auf geht's – vergiß die Arbeit!‹

»Shocking«, sagten die Parlamentarier. Muß weg!

Also wählte man statt des Bikinimädchens Marlene, um den wunderbaren Raum für die Beine vorzuführen, den die BOAC-Jets aufzuweisen hatten.

Das Foto von Marlene war exzellent. Ein neues Gesicht tauchte da auf, das Gesicht der sechziger Jahre. Die scharfen Konturen ihrer früheren Filme hatten weicheren Zügen Platz gemacht.

Die Anzeige war hauptsächlich für die Staaten gedacht und erschien in ›Life‹, ›Time‹, ›Newsweek‹.

Die Kampagne zur Promotion der neuen VC-10 kostete an die 70.000 Pfund.

Irgendein kluger Kopf in der Werbung fand, man solle das Poster nicht nur in den Staaten einsetzen. Was für die gut war, sollte auch für Europa gut genug sein. Aber da kabelte BOAC's Werbechef Paul Breuer aus Frankfurt nach London: ›Um Gottes willen, nicht diese Anzeige in Westdeutschland. Marlene ist gar nicht populär dort.‹

Man erinnerte sich, so hieß es, wie sie sich im Krieg für die Alliierten engagiert hatte.

»Wir haben das dem Chef der Gesellschaft in London mitgeteilt und angedeutet, daß das Bild nicht allzusehr locken wird, eine englische Fluggesellschaft zu wählen.«

Breuer selbst war von ausgesuchter Höflichkeit und bat, seine Meinung nicht mit der unglücklichen Aversion seiner Landsleute in einen Topf zu werfen. »Ich war dreizehn, als der Krieg zu Ende war.«

Ein Bonner Journalist, dem die Anti-Dietrich-Haltung mißfiel, stellte seine eigene Meinungsumfrage an. Das Resultat:

Siebzig Prozent fragten: »Gibt's die noch?«

Fünfzehn Prozent sagten: »Ich fliege sicher BOAC, wenn Sie mir 'nen Sitzplatz neben ihr geben.«

Drei Prozent gaben zu bedenken: »Marlene hatte doch im Krieg Schwierigkeiten.«

Ein Prozent meinte: »Mit Marlene? Na, überall geh ich mit der hin, aber lieber hätte ich 'ne Passage auf 'nem ganz langsamen Boot.«

Das klang eher zweideutig als feindlich.

Und was meinte Marlene dazu?

»Wen regt das schon auf«, sagte sie säuerlich, »wen regt's auf, wenn die Deutschen dich nicht mögen, solange dich die Briten lieben!«

Als man sie fragte, wie sie sich gefühlt habe, als man sie fotografiert hatte, war sie berückend offen:

»Ich war ziemlich geschmeichelt. Würden Sie das nicht sein, in meinem Alter? Die meisten Modelle, die sie benützen, kommen gerade aus der Schule.«

Als man sie wieder drängte, sich zu ihrem Verhältnis zu Deutschland zu äußern, ließ sie ihren Gefühlen freien Lauf.

»Wenn ich sterbe, will ich in Paris begraben werden – mein Herz aber soll nach England, und in Deutschland will ich gar nichts haben. Natürlich stecken die Nazis hinter der ganzen Geschichte. Immer noch sitzen zu viele von denen überall drin. Nichts gefällt mir mehr, als wenn die mich nicht mögen. Ich könnte es noch kräftiger sagen, was sie mich können ...«

# Werbung mit Marlene

Viele berühmte Menschen haben versucht, Marlene zu beschreiben.

»Sie ist die aufregendste und erschreckendste Frau, die ich je gesehen habe«, sagte Jean Cocteau, nachdem er sie gemalt hatte. Noël Coward kommentierte: »Marlene ist ein Realist und ein Clown.« Graham Greenes Tribut: »Vollendet schön!«

»Schauspielerei ist eben ein Beruf«, sagte die Dietrich dazu. »Ich könnte auch ohne sie leben. Ich habe keinen Ehrgeiz. Ich hatte auch nie eine Botschaft. Ich fürchte, ich hab' im Leben immer 'nen Tritt in den Hintern gebraucht und nie selbst etwas unternommen. Coward hatte recht. Nie zeig' ich meine Clownseite dem Publikum. Das paßt nicht zu den anderen Sachen, die ich anzubieten habe.«

Ihre Klugheit, ja Gerissenheit ist bewundernswert. Marlene Dietrich war sich ihrer Legende immer bewußt, kannte stets die Maske, die sie für die Öffentlichkeit tragen mußte, den Wert des dafür bezahlten Geldes, die Verantwortung ihrer Unternehmungen. Ab und zu aber blitzte auch der Humor auf, den viele ihr nicht zutrauten. Die Legende selbst war manchmal schwierig aufrechtzuerhalten, denn als Marlene durch den *Blauen Engel* zu Weltruhm kam, war es als die ›femme fatale‹, die schöne und gewitzte Verführerin, ein Typ der zwanziger Jahre. Dieses Idol des Weiblichen, lässig, geheimnisvoll und ein wenig pervers, schwebte von Anfang an in Gefahr, im nächsten Augenblick von der Zeit überholt zu werden. Und das wäre auch geschehen, hätte nicht die Dietrich selbst sich als stärkste Gegnerin des Ungeheuers Zeit entpuppt. Wie die Garbo ist sie zeitlos – und wie diese bleibt sie ein Idol, während ringsum die anderen Idole verblassen.

Als Marlene Dietrich aufhörte, mit Sternberg zu arbeiten, stieg eine viel zu exquisit konzipierte Göttin auf die Erde nieder – irgendwo an der französischen Riviera – und entdeckte das Lächeln. In *Angel* war sie die charmante Abenteurerin, die Frau von Welt, noch immer von wunderbarer Eleganz, aber bereits für Sterbliche erreichbar. Ein paar Jahre später entdeckte sie ihren Großen Bluff: Sie verkleidete sich als großzügige Saloon-

*Marlene Dietrich auf der Bühne des Queen's Theatre, London, 1964.*

löwin und machte sich mit den Rowdies im Hinterzimmer gemein! – bereits eine Vorwegnahme ihrer Rolle als Truppenbetreuerin. Dann kehrte sie zum Film zurück und landete dort ihren vielleicht genialsten Coup – sie spielte sich selber. Die Frau aus dem Café de Paris schien geradewegs aus *Stage Fright* zu kommen oder aus *No Highway*. Ihr außergewöhnlicher Erfolg geht auch auf das Konto einer Mode, die sich in den Jahren einmal ganz um sich selber drehte. Viele Wesenszüge der zwanziger Jahre wurden in den fünfziger und sechziger Jahren wieder aufgegriffen, und man mußte Marlene Dietrich als fleischgewordene Symbolfigur sehen.

Die Trennungslinie zwischen der Künstlerin Dietrich und der Frau Dietrich scheint mit den Jahren immer dünner zu werden, so daß man nie weiß, ob sie sich selbst spielt oder sie selbst ist. Ein paar Dinge aber sind ganz eindeutig. Marlene ist so ungeheuer schön, aber sie ist auch oft ungeheuer allein gewesen. Eine solche Schönheit kann auch ein Gefängnis bedeuten. Sie kann die Leute in Anbetung fernhalten – und obgleich die Dietrich ein Heer von Bekannten ihr eigen nennt, hat sie doch nur wenige nahe Freunde. Aus diesem Grund haben ihre Freundschaften mit manchen Männern viel zuviel Aufmerksamkeit erregt, Männern wie Wilding, Remarque, Fairbanks, Gabin. Aber jeder Mann, der sie kennenlernte, respektierte sie, es sah aus, als müsse er sie einfach aus vollem Herzen akzeptieren.

»Am glücklichsten fühle ich mich, wenn ich etwas geschrieben habe, das ich gut finde, und Marlene kommt, liest's, und es gefällt ihr«, erzählte Ernst Hemingway.

»Das Gerücht, sie sei sehr zurückhaltend«, schrieb Kenneth Tynan, »ist eine monströse Unwahrheit. Ich sehe sie auf dem Rücksitz des Autos zusammengerollt wie eine zufriedene Löwin, sehe sie sich plötzlich in Gelächter und Umarmungen auflösen, ganz gleich, wer gerade neben ihr sitzt; sehe sie dann eine Braue reuevoll hochziehen und sich in leiser Verlegenheit auf die Lippe beißen … Was hat sie für einen fabelhaften Sinn für Humor, was die eigene Person betrifft. – Ich will damit sagen, daß sie die seltenste aller zivilisierten Tugenden ihr eigen nennt – die Ironie. Selbst in ihrer glücklichsten Umarmung ist da noch die Ironie, als ob sie mit ihrem Lächeln sagen wollte: ›Stell dir vor, ausgerechnet wir beiden tun so, als wär's die wahre Liebe …‹«

Andere haben widersprochen.

*Regisseur Billy Wilder, Produzent Arthur Hornblow jr., Charles Laughton und Marlene Dietrich 1957 während der Dreharbeiten zu ›Witness For The Prosecution/Zeugin der Anklage‹.*

»Sie nimmt sich ernster als je ein anderes Wesen sich genommen hat …«, sagte einst ein Bekannter. »Wenn eine wichtige moderne Sinfonie ihr gewidmet würde – ich wette, sie würde die Widmung erst annehmen, wenn sie wüßte, daß es sich um eine erstklassige Sinfonie handelt.«

Ein Hollywood-Regisseur, der mit ihr gearbeitet hat, nennt sie »ein ziemlich altmodisches Mädel«! Alles, was sie angeht, scheint seltsam und germanisch – auch ihre wagnerianische Eigenliebe. Schon immer ging von Leuten eine große Faszination aus, die es schafften, ihre Zeit zu überleben, deren Symbol sie waren – ein bißchen wie die Trickfiguren von Walt Disney, die von der Klippe runterlaufen und noch ein Stück in der Luft weiterlaufen ehe sie's merken.

»Ich mag die Einmischungen nicht, und vor allem die Einmischungen in mein Privatleben kann ich nicht vertragen«, hat Marlene Dietrich gesagt. »Ich glaube an das Schicksal und nicht an das Glück, und ich stelle mir das Schicksal vor und glaube, ich habe noch andere Dinge auf dem Kasten, als mich den Einmi-

173

*Szene aus ›Witness For The Prosecution/Zeugin der Anklage‹, 1958: Leonard Vole (Tyrone Power, links) ist des Mordes angeklagt und sämtliche Indizien sprechen gegen ihn. Seine Ehefrau (Marlene Dietrich) muß als Zeugin der Anklage vor Gericht erscheinen.*

schungen in mein Leben zu entziehen. Meine Arbeit ist mein Hauptinteresse im Leben – neben meiner Familie.« Wenn sie kein Star wäre, wäre sie gern Kameramann. Aber da sie ein Star ist, nimmt sie die Pflichten als solcher ernst. »Es gibt eigentlich keine Sekunde, in der ich mich dem Auge des Publikums entziehen möchte. Das öffentliche Leben ist für einen Star so wichtig und notwendig wie die Filme, die er dreht. Ich habe keine Hobbys – ich hab' nur für meine Arbeit Zeit.«

Sie meint, daß es viel Disziplin erfordert, schön zu bleiben. Und auch gesund.

»Gefräßigkeit ist eine der vermeidenswertesten Krankheiten.« An einem gewöhnlichen Tag fängt sie mit einer Orange als Frühstück an, mittags ein Salat und abends ein Steak.

Marlene Dietrichs Haltung dem Essen gegenüber hat schon viele Leute verwirrt. Sie ist eine hervorragende Köchin. Aber was ißt sie selbst?

Michael Wilding hat ihr mit Faszination zugesehen.

»Sie ißt alles, Schokolade, Brot, Kartoffeln. Marlene, glaube ich, hält ihren Körper für nichts anderes als eine Cellophanehül-

*In ›Witness For The Prosecution/Zeugin der Anklage‹, 1958, bewies Marlene Dietrich, daß sie auch dramatische Rollen spielen kann.*

*Marlene Dietrich mit brauner Perücke als zigarrenrauchende Puffmutter in › Touch Of Evil/Im Zeichen des Bösen‹, 1958.*

le, für eine Schönheit von innen. Etwas Spirituelles. Sie hält's die ganze Nacht ohne Schlaf aus und stundenlang ohne Essen.« Sie selbst hat da andere Dinge in Umlauf gebracht. Man hörte von ihr Sätze wie »Gib mir gutes einfaches englisches Essen, gib mir Brotpudding, und ich bin selig«.

*Marlene Dietrich in ›Judgement At Nuremberg/Urteil von Nürnberg‹, 1961, Regie Stanley Kramer.*

Aber nicht nur englisches Essen.

»Ich koche gern russische, französische und österreichische Bauerngerichte. Aus dem, was man elegante Küche nennen könnte, mache ich mir nicht viel.«

Trotzdem hindert sie das nicht daran, ›elegant‹ zu kochen. Einmal erschreckte sie Michael Wilding, als sie ihn in einer melancholischen Stimmung ertappte; sie nahm sich sein Buch mit Lebensmittelmarken und lief mit einem Freund zum Metzger, wo sie sich mit anderen Kunden anstellte. Zurück kam sie mit einer Niere, damals eine Rarität, und »sie servierte sie flambiert«, sagte Michael Wilding. »Die Niere schmeckte vorzüglich, ich hatte nie gewußt, daß Nieren so gut schmecken können!«

Während sie Stanley Kramers Film *Urteil von Nürnberg* drehte, gab es eine Szene, in der alle Apfelstrudel essen sollten. »Also hört mal her«, sagte Marlene Dietrich. »Wenn wir Apfelstrudel essen sollen, dann den allerbesten, und wer macht besseren Apfelstrudel als die Dietrich!«

Kramer war tief beeindruckt, als sie am nächsten Tag mit einem Apfelstrudel auftauchte.

»Der verdammt allerbeste Apfelstrudel, den ich je gekostet habe«, sagte er.

Eine Spezialität von Marlene Dietrich ist der Pot-au-feu. Eine französische Spezialität, die auf Deutsch einfach Eintopf genannt wird. Fleisch wird mit Gemüse in einem Topf ganz langsam gegart, und dadurch entsteht ein leckerer Saft, außerdem Fleisch und Gemüse für den nächsten Gang. Sie macht sich die Mühe für die Leute, die das mögen. Wenn sie sich nicht so viel daraus machen, dann läßt sie's eben. Die wissen gar nicht, was ihnen entgeht.

Als Nancy Spain sie zum erstenmal besuchte, sah sie voller Erstaunen, wie die Künstlerin sich zu einem Abendessen setzte, das aus ›coaguliertem Steak und Kartoffelchips‹ bestand, die sie aus einem Papierbeutel holte. »Zum Frühstück aß sie gekochte Eier und stopfte ein Stückchen Butter in die angebrochenen Eier hinein, wie ein Kind!« Miß Spain berichtete, Marlene wisse gar nicht, was sie esse und trinke. Später revidierte Miß Spain ihre Ansicht und nahm Marlene Dietrichs Rezept für Fisch in ihr ›Kochbuch der Berühmtheiten‹ auf.

Bei einer Gelegenheit sprach ein Gast auf einer New Yorker Party von einem neuen Gag, der in New York gerade ›in‹ war, dem berühmten ›Submarine-Sandwich‹. Dieses Brot bestand aus einer drei Fuß langen aufgeschnittenen Baguette mit 17 Scheiben Schinken drauf, 15 Scheiben Knoblauchwurst und 12 Scheiben geräuchertem italienischen Schinken, 24 Scheiben Provolonekäse, 20 Scheiben roh geräuchertem Rindfleisch, gehackten grünen Pfefferschoten, Tomaten, Pickles, Olivenöl und

Tarragon-Essig-Dressing. Das ganze Unterseebot wog etwa zweieinhalb Pfund. Marlene Dietrich fragte höflich, wo man das Wunder kaufen könne. Dann verließ sie das Fest.

Später stellte sich heraus, daß sie mit einem Taxi geradewegs zu dem Laden gefahren war, der ›Submarines‹ verkaufte, und ein solches Monstrum für sich, Tochter und Schwiegersohn zum Abendessen gekauft hatte.

Brot, Kartoffeln, Schokolade. Wie schafft sie es nur, so dünn zu bleiben?

Einmal erklärte sie, es läge an der Methode »ein Essen pro Tag und Bauchgymnastik«. Sie erklärte Bauchgymnastik als eine inwendige Muskelübung, wobei man sich verschiedene Muskeln vorstelle und sie spanne und entspanne. Man könne dies im Sitzen und Stehen tun und selbst beim Lieben, ganz wie man wolle.

Es gibt viele Anekdoten, die von den konträren Seiten ihres Charakters handeln – ihrem ausgefeilten Geschäftssinn und ihrem Aberglauben (Astrologie), ihrer Großzügigkcit und ihrer Einsamkeit, ihrem Humor und ihrem manchmal erstaunlichen Mangel an Humor, nicht zu vergessen ihr Sendungsbewußtsein: Als einmal von Hitler die Rede war, sagte sie: »Manchmal frage ich mich, ob nicht ich die Person gewesen wäre, die den Krieg hätte verhindern und Millionen Leben hätte retten können. Ich leide sehr unter dieser Frage und höre nie auf, daran zu denken.«

Hollywood spricht heute noch von den Zeremonien der Oscar-Verleihung 1950. Marlene Dietrich war dazu als einer der Zeremonienmeister eingeladen.

Diese Ehre kostete sie einen kurzen Gang über die Bühne des Los Angeles Pantage-Theaters und eine kurze öffentliche Rede – das war alles. Die Dietrich studierte als erstes das Dekor, in der die Zeremonie abgehalten werden sollte, und die dominierenden Farben: Rot, Weiß und Blau. Sie hörte sich um und erfuhr von Freunden, was die anderen Stars tragen würden: Rosa, plüschiges Weiß und Perlgrau.

»Da wird Mama sauber Schwarz tragen«, sagte sie.

Ihre trockenen Aussprüche tragen zur Legende bei. Einmal erklärte sie, die größte Gabe eines Mannes sei sein Taktgefühl. Einem Kameramann sagte sie einmal: »Als Sie mich damals in *Garden of Allah* fotografierten, war ich so zufrieden mit Ihnen. Warum sind die Aufnahmen heute denn nicht so gut?« Der Kameramann erwiderte: »Nun, Marlene, ich bin jetzt acht Jahre älter.« Das war, laut Marlene, das Nonplusultra an Takt.

Dann gibt es die berühmte Begräbnisgeschichte, die sie oft auf Partys erzählte. Wenn sie stürbe, dürften nur Männer, die sie sehr gut gekannt hätten, auf ihre Beerdigung kommen. Ihr Mann Rudolf Sieber steht mit der Liste am Eingang, damit sich niemand einschmuggelt – all die Männer, die hochstaplerisch angeben, sie seien ihre Freunde gewesen. Dann beschreibt Marlene die Liste der Männer, die zugelassen werden sollen – die Liste wird immer länger, je mehr Zeit vergeht. Douglas Fairbanks jr. wird in voller Admiralsuniform zugegen sein, mit einem Kranz der Königin von England. Gabin wird an der Kirchentür lehnen, Zigarette im Mundwinkel und unwillig sich den anderen Trauergästen zugesellen. Remarque, zerstreut wie immer, wird die falsche Kirche erwischen und dem falschen Begräbnis beiwohnen ...

Marlene lebt heute in einem eleganten Apartment in Paris. Dort herrscht, wie jemand es mir beschrieb, eine etwas angegammelte Eleganz.

Sie hat viele Bücher. Werke von Shakespeare, Shelley, Tolstoi, Goethe, Dostojewski, William James und Ernest Hemingway stehen immer griffbereit. Auf einem Sheraton-Tisch im Wohnzimmer steht stolz das Foto von Hemingway, von ihm selbst unterschrieben.

›Für Marlene, wenn sie mich noch liebt – oder wenn sie's nicht mehr tut – Papa‹.

An den Wänden ihres Apartments hängt ihr persönliches Vermögen, welches sie wohlweislich und sicher in Ölbildern angelegt hat. Chagall, Delacroix, Utrillo – Maurices Straße und Schnee – Picasso, Corot und Cézanne. Eines ihrer Lieblingsbilder ist die ›Absinth-Trinkerin‹ von Picasso. »Es gehört mir, damit ich es anschauen kann, wann ich will.« Manchmal gibt es ein kleines Essen für intime Freunde, zum Beispiel den Impresario Alexander Cohen, Eva Gabor, Designer Karl Lagerfeld, Hildegard Knef. Wenn sie ihre Finanzlage betrachtet, findet sie diese Angelegenheit kompliziert. Wie die meisten hochdotierten Künstler glaubt sie, daß von 100 Pfund, die sie einnimmt, 100 Pfund an die Steuer gehen.

Aber zu Hause sagt sie: »Von meinem Privatleben weiß niemand etwas, noch soll jemand etwas wissen. Ich brauche dafür mehr als die Hälfte meiner Zeit, sonst geht's nicht so wie ich es mir wünsche.«

Sie sagt, sie wäre ehrgeizlos, aber immer reizen sie neue Medien. Sie hat beim BBC Hörspiele gemacht. ›The Child‹ war ein großer Erfolg, und obwohl sie sagte, sie wolle nie im Fernsehen auftreten, überredete die BBC eine schwedische Fernsehgesellschaft, eine Dietrich-Szene in einem Restaurant zu erstellen. Einmal sagte sie, sie hätte gerne in einem Christopher Fry-Stück gespielt: *Das Dunkel ist Licht genug.* Manchmal macht sie Schallplatten, die sich mit monotoner Regelmäßigkeit gut verkaufen.

# Bekenntnisse

Rupert Brook hat einmal geschrieben: ›Die Jahre, die uns das beste rauben, das sind die schnellsten Jahre …‹ Das mag für fast alle Sterblichen die Wahrheit sein, doch nicht für Marlene Dietrich. – Man erinnere sich an die Begrüßungsworte Noël Cowards an Marlene Dietrich im Café de Paris, als er sie mit Helena verglich. Lange her, wie gesagt. Und sie erinnert sich häufig an ihre vielen Freunde, die fast alle nicht mehr unter den Lebenden sind.

Sternberg, Jean Gabin, Edith Piaf, Binkie Beaumont, Maurice Chevalier, Judy Garland, Noël Coward, Ernest Hemingway, Jean Cocteau, Erich Maria Remarque. – »Ich habe gar keine Freunde mehr. Ich bin die letzte meiner Rasse.«

»Ich brauche keinen Agenten, keinen Manager«, sagte sie einmal. Man tritt mit Angeboten an sie heran, und sie überlegt sich, ob es ihr zusagt. In den letzten Jahren unternahm sie Tourneen in Südafrika, wo sie die höchste Gage erhielt, die dort jemals gezahlt wurde, und in Australien, wo sie einen Zusammenstoß mit den Leuten vom Zoll hatte. Sie hatten es gewagt, bei einer Drogenrazzia ihre Koffer zu durchsuchen. Frankreich, die Sowjetunion, England, Kanada, Skandinavien haben sie zu sich eingeladen.

Selbst in der Sowjetunion ist sie eine Legende, obwohl die Sowjets ganz wenige ihrer Filme gesehen haben, und sicher nicht die frühen wie *Der Blaue Engel.*

Noch heute verkörpert sie die Fantasiegestalt männlicher Träume. Zurückhaltend und unerreichbar, schön, verführerisch und dahinschmelzend, hat sie eine Art aufzutreten, ein Flair, das man fast keinem anderen Superstar dieser oder irgendeiner Generation zuschreiben kann. Gleichzeitig aber kann sie, und das ist doch bei ihrem gesellschaftlichen Image erstaunlich, sanft, freundlich und großzügig in ihrer Bewunderung für andere Menschen sein. Wenn sie singt ›Männer umschwirren mich wie Motten das Licht‹, ist sie sich ihrer Anziehungskraft bewußt, reagiert aber gleichzeitig auf die Folgen derselben. Doch wie alle Frauen hat auch sie ihre Idole. Zeitgenossen? Wen denn da! Nun, Israels Kriegshelden Moshe Dayan – »so geheimnisvoll« –

*Marlene Dietrich mit den Beatles im Prince-of-Wales-Theatre in London am 4. November 1963.*

oder Paul Scofield – »dieses Genie ohne Alter«. Die Jahre haben ihren Glauben an Righter und seine Astrologie nicht gemildert. Sie ist ein Steinbock, kein sehr gutes Zeichen, wie sie meint. »Wenn ich im nächsten Leben wiederkomme, will ich ein Mann sein und ein Wassermann.« Ihre Fähigkeit, oben zu bleiben, entspricht ihren Prinzipien, sich nie mit dem zweitbesten zufriedenzugeben. Sie schiebt die Welt von sich weg, und siehe da, die Welt verfolgt sie. Ihre öffentliche ›Persona‹ ist ein Snob des Showgeschäfts. Ihre innere Disziplin ist unumstößlich, selbst in einem Abschied für immer – beim Abschied von guten Freunden bewahrt sie Haltung. Hören wir uns an, was sie zum Tod des talentierten Londoner Theaterimpresarios Binkie Beaumont sagt, der viele Jahre ihr enger Freund war, und hören wir, welche Selbstdisziplin sie mit sich übt.

»Ich war in San Francisco, als ich von Binkies Tod erfuhr. Wir müssen alle sterben, und wir können nichts tun, als es hinnehmen – es ist schrecklich. Als Kind hat man mich gelehrt, meinen Kummer zu verbergen und meine Gefühle nicht auf andere zu übertragen. Man soll nicht um die Toten weinen, man soll für die Lebenden da sein.«

Was sagte Marlene Dietrich zum Tod von Judy Garland auf die Frage: »Judy ist tot ... sind Sie traurig?« – »O nein, ich bin ganz glücklich. Sie war jemand, der sich umbringen wollte, also bin ich froh für sie. Wenn du sterben willst, dann stirb eben« – und, ganz nüchterne Marlene –, »aber langweile niemanden damit!«

Alle, die sie näher kennen, schätzen ihren Sinn für Humor, den sie in keiner Lebenslage verliert. Theaterregisseur Harald French beschreibt in seinem witzigen Buch ›I Thought I never Could‹ die erheiternde Geschichte, wie Marlene Dietrich mit Douglas Fairbanks jr. und Richard Norten, einem Bankier, der Gold im Showbusineß angelegt hatte, ausging. Sie hatten im Savoy gegessen und sich entschlossen, ins Claridge Hotel über die Londoner Bond Street zurückzulaufen. Diese Gegend war damals ein blühendes Pflaster für die Straßenprostitution. Der Abend war fröhlich gewesen, und Marlene kicherte über die Damen, die ihre Ware feilboten. Einer ihrer Begleiter sagte: »Ich wette fünf Pfund mit dir, Marlene, du würdest niemals allein vorausgehen!«

»Angenommen«, sagte Marlene Dietrich, und wirklich lief sie allein voraus. Sie war noch nicht weit gekommen, als ein Herr im Smoking sie ansprach – sie sprachen miteinander, und kurz darauf kam Marlene zu ihren Freunden zurück.

»Was ist denn gewesen, Schatz?« Die beiden kicherten.

»Ich hab' fünf Pfund verlangt«, lachte sie, »da ist der vielleicht hochgegangen, er sagte: ›Ich krieg's überall für zwei Pfund.‹«

Trotz ihres Superstar-Images hat Marlene Dietrich erstaunlich wenig Filmpreise erhalten, und heute mißfallen ihr Feiern und Preisverleihungen, wie die Oscar-Zeremonie, auf der sie einst selbst glänzte. Aber wenn auch solche Ehrungen wegen der allgemeinen Heuchelei heute von ihr abgelehnt werden, gibt es doch immer noch Leute in Europa, sogar in den Regierungen, die ihr Ehrungen anderer Art zuteil werden lassen. 1965 war sie die erste Frau, welche die israelitische Ehrenmedaille erhielt – in Anerkennung ihrer ›mutigen Prinzipien und langen Freundschaft mit israelischen Menschen‹. 1972 ging sie nach Paris, um das Offizierskreuz der französischen Ehrenlegion entgegenzunehmen – von Präsident Pompidou persönlich.

Selbst in den siebziger Jahren steht Marlene Dietrich noch ganz oben auf den glitzernden Stufen. Alexander Cohen hat sie in New York für seine ›Eine-Frau-Show‹ engagiert. Robert Patterson läßt sie in London und größeren Provinzstädten auftreten. Mr. Marcuani holt sie nach Paris, und während die ›café society‹ und die berühmtesten Filmstars ihr bei jeder Premierennacht zujubeln, regiert sie weiter in ›splendid isolation‹ und singt! Singt die alten Lieder, immer wieder – ›Lili Marlen‹, ›Lola‹, ›The Boys in the Backroom‹, ›La Vie en Rose‹und vielleicht am bedeutungsvollsten ›Sag mir, wo die Blumen sind‹, das ganze heiserstimmige Dietrich-Reportoire. Da fällt einem der Satz von Kenneth Tynan ein:

»Was es auch für eine verdammte Hölle sein mag, in die du durch das Leben verschlagen wirst, sie ist vor dir dort gewesen, und sie hat dich überlebt.«

Laurence Olivier hat sie einmal gefragt: »Wie schaffst du's nur, jede Nacht ganz allein dort hinauszutreten? – Nur du, kein Shakespeare und kein anderer Schauspieler?«

Sie sagte: »Ich tu's, weil ich dort ich selbst bin!«

Heute nimmt sie oft eine Haltung ein, die entweder von sehnsuchtsvoller Einsamkeit oder auch von beißender Intoleranz geprägt ist. Sie haßt das Fernsehen als Medium, trotzdem ließ sie sich von Alexander Cohen und ›Kraft Käse‹ 250.000 Dollar zahlen, um bei einem Fernsehauftritt in London 1973 14 Lieder zu singen. Sie war unglücklich über das Ergebnis.

»Wieviel Käse können sie denn in einer Stunde verkaufen?« fragte sie. »Ich hab' immer gesagt, ich trete nur im Fernsehen auf, wenn Orson Welles Regie macht, sie sagen, es war zu teuer. Da haben sie meine Show in zwei Tagen runtergedreht, und alles ist schiefgegangen.«

Geld ist für sie nur wichtig, um das Leben zu führen zu können, das ihr zusagt – deshalb hat sie auch dem Käseangebot nachgegeben. Noch immer trägt sie Kleider von Cardin, reist mit Vuitton-Gepäck – das ist alles nicht gerade billig. Was immer noch intakt ist, das ist ihre Weisheit und ihr Mutterwitz:

»Alle wirklichen Männer sind sanft, ohne Zärtlichkeit ist ein Mann uninteressant.« Oder frech: »Das Geheimnis, seinen Zauber behalten zu können, ist – Geld!«

Einmal sagte sie: »Keine Frau läßt sich je von einer anderen Frau in Kleiderfragen beraten; man lädt doch den Feind nicht ein, um die Strategie zu besprechen.«

*Für ihren bislang letzten Filmauftritt in ›Schöner Gigolo – Armer Gigolo/ Just A Gigolo‹, 1978, ließ der Produzent den gesamten deutschen Drehstab nach Paris verlegen, um Marlene Dietrich (Mitte) die Arbeit zu erleichtern.*

Und dann zum Gleichgewicht: »Frauen sind glückliche Wesen. Drei Dinge können sie fast aus dem Nichts herstellen – einen Salat, einen Hut und eine Eheszene.«

Manchmal liegt eine nicht ganz greifbare Traurigkeit in ihren Sätzen über sich selbst:

»Ich hab' mich noch nie selber ernst nehmen können. Seit ich nun mein Land verloren habe und meine Sprache, seit ich in den dreißiger Jahren Deutschland verlassen habe, bin ich eine Entwurzelte, eine Reisende – und wenn das wirklich ist, was ich bin, dann wär's gar nicht so gut, wenn ich mich so genau betrachten würde. Die Menschen brauchen mich, und solange sie mich brauchen, meine ich, werde ich einfach leben.«

186

Ihre alten Filme schaut sie nie an, und jahrelang hat sie erklärt, sie werde keinen Film mehr drehen. Aber wie John O'Hara charmant sagte: »Das brauchen wir nicht zu glauben, wenn wir nicht wollen.« 1978 hat sie sich breitschlagen lassen, ausgerechnet in der deutschen Produktion *Schöner Gigolo, armer Gigolo* mitzuspielen; am Resultat gemessen sicher keine gute Idee.

Sie würde gerne in London leben, darüber besteht kein Zweifel, einfach um Maria und ihren Kindern näher zu sein. Sie hat einen Sauberkeitstick, und man erzählt sich, sie habe eigenhändig die Fußböden in ihrer Garderobe geschrubbt – einmal nannte sie sich »die Königin von Vim«.

Marlene, die unglaublichste lebende Legende, die letzte der großen Superstars, hat keine Angst vor dem eigenen Tod. Sie ist Sieger über den Erdrutsch des biologischen Älterwerdens. So wie es ist, ist der Lauf der Zeit ihr einerlei. Sie sagt: »Ob mir's was ausmacht, alt zu werden, ob es mir leid tut? Nein, mir tut nichts leid. Ich bin ein Realist, und ich glaube, es ist ein fruchtloses Unterfangen, der Zeit nachzutrauern. Außerdem ist damit niemand gedient.«

Wird sie sich aus dem Showgeschäft zurückziehen?

Wie sagte sie doch jüngst in London, als man sie fragte, wie lange ihre Show dauern würde?

»Das kommt auf den Applaus an!«

# Marlene 1984

Immer wieder versuchen Filmemacher die »Weltliche unter den Göttlichen des Kinos« aus ihrer selbstgewählten Emigration in der Pariser Avenue Montaigne 12 hervorzulocken, sie dazu zu bewegen, noch ein letztes Mal in einem Film mitzuwirken.

So auch der Münchner Produzent Karel Dirka, der überzeugt ist: »Es gab zwei Superstars in Deutschland: Marlene Dietrich und Adolf Hitler«. Er versucht den noch lebenden Superstar mit bedeutenden Interview-Partnern wie Orson Welles und Peter Bogdanovich zu ködern.

Doch ›die Dietrich‹ schickt die beiden Drehbücher aus Amerika mit Randbemerkungen an Maximilian Schell. Beide kennen sich seit ihrer gemeinsamen Arbeit während ›Judgement At Nuremberg/Urteil von Nürnberg‹, 1961.

Mit Berliner Kodderschnauze kommentiert Marlene Dietrich die Vorschläge: »So einen Quatsch habe ich mein Leben lang noch nicht gelesen.«

Schließlich zieht Maximilian Schell als Gesprächspartner das Wohlwollen von Marlene auf sich. Im September 1982 darf er dann mit ein paar Mitarbeitern in ihre Wohnung in Paris. Geschnürt in ein umfangreiches Vertragskorsett, das auch ein Filmen in der Dietrich-Wohnung nicht zuläßt, sondern lediglich ein 40-Stunden-Tonbandprotokoll vorsieht, beginnt Maximilian Schell seine Arbeit.

Zwei Wochen lang sitzt er Marlene Dietrich zu Füßen, ein Mikrofon zwischen den beiden. Die Ton-Crew verdrückt sich ins Nebenzimmer.

Schell genießt das Privileg Marlene Dietrich interviewen zu dürfen sichtlich. Doch die Arbeit ist alles andere als einfach. Zumal Marlene Dietrich, die sich wohl mit Filmausschnitten und Standfotos verewigt sehen wollte, aber eben keinesfalls als über 80jährige vor der Kamera stehen will, ein Interview erwartet hatte. Schell dagegen (»Ich bin Dokumentarist«) wollte mehr ein Gespräch. So bricht er einmal genervt eine Sitzung ab – um am nächsten Tag mit Blumen wieder zu erscheinen und sich von Marlene die Leviten lesen zu lassen: »Sie sind wie eine Primadonna abmarschiert. Sie sollten zu Mama Schell zurückgehen und Manieren lernen.«

*Bei den Dreharbeiten zu ›Judgement At Nuremberg/Urteil von Nürnberg‹, 1961 (Bild) lernte Maximilian Schell Marlene Dietrich kennen. 1982 drehte er ›Marlene‹; für diesen Dokumentarfilm ließ sich der Star vors Mikrophon locken, jedoch nicht filmen.*

Für solche feinen, kleinen Knigge und einige mehr oder weniger essentielle Kommentare, etwa wie »Wahr ist, daß was Sie über mich lesen, unwahr ist«, wurde Marlene Dietrich recht standesgemäß, weil fürstlich entlohnt: dem Vernehmen nach 400.000,– Deutsche Mark.

Trotzdem verweigerte sie sich standhaft der Kamera. So entstand aus dem in aller Welt zusammengekauften Filmmaterial, Ausschnitten aus Wochenschauen, TV-Sendungen und dem Tonband-Dialog ein Film mit Marlene Dietrich – aber zugleich doch ohne sie.

In ›Marlene‹ ist sie »aus dem Off« zu hören, sie erzählt, stellt klar und stemmt sich gegen falsche Legenden.

Bei den Berliner Filmfestspielen 1984 läuft ›Marlene‹ außer Konkurrenz und findet viel Beachtung. Die Kritik lobt die »frappierende Hördokumentation« und diesen »Ton-Film im wahrsten Wortsinn« als »phänomenal«. Dann kommt ›Marlene‹, versehen mit dem Prädikat »Besonders wertvoll« und dem Bayerischen Filmpreis 1984, in die Kinos.

Doch obwohl Marlene Dietrich in dieser ungewöhnlichen Kontrastmontage zu allem möglichen ihre Ansichten verbreitet und auch altersstörrischen Unsinn – etwa über die Frauenbewegung – verzapft, gelingt es ›Marlene‹ nicht, das Geheimnis um den Mythos ›Der Dietrich‹ aufzuspüren.

Wie sagte Maximilian Schell nach Fertigstellung von ›Marlene‹ aus gutem Grund: »Die Wahrheit über Marlene Dietrich wird man nicht erfahren.«

# Wer war Marlene?

Peter Brook, Theaterproduzent: »Als ich in den Staaten das *House of Flowers* produzierte, kam Marlene jeden Abend hinter die Bühne und spielte eine Art von Ehrengarderobiere. Sie hätten hören sollen, wie die Schauspielerinnen nach ihr kreischten, damit sie ihnen einen Knopf annähen sollte …«

Harold Arlen, Liederkomponist: »Als ich die Amöben kriegte, dachte ich, jetzt ginge es mir ans Leben. Marlene kam jeden Tag ins Krankenhaus mit Blumen und Obst und ihrem Geschenk der ewigen Jugend. Sie hat mich durchgezogen, sie hat die Ärzte nur so herumspringen lassen!«

Mischa Spoliansky, der Marlene damals, als sie den Entdecker des Penicillins einlud, aufgezogen hatte, erzählt:
»Damals dachten wir, Marlene dreht durch. Sie wollte herausfinden, was das Lieblingsgericht Dr. Flemings war – ich sagte, es ist ›haggis‹. Sie wußte gar nicht, was das war, geschweige denn, wie man's kocht. Also gut, wenn du keine gute Haggisköchin bist, er mag auch Eintopf. Also, wenn's eine Sache gibt, die Marlene nicht gern kocht, dann Gemisch, sie will, daß man alle Zutaten einzeln herausschmeckt …«

Ein New Yorker Theaterkritiker, der sie zu einer Aufführung mitnahm: »Sie wollte mir nicht erzählen, was sie selbst von diesem Stück hielt – sie wollte nicht, daß irgend jemand sagen könne, sie habe meine Meinung beeinflußt.«

Oliver Messel, der Maler und Bühnenbildner:
»Als ich nach Amerika ging, um die Ausstattung für das Bühnenstück ›Rashomon‹ zu machen, waren wir sehr befreundet. Als ich in meine Wohnung kam, hatte sie dort bereits Tisch und Materialien aufgebaut, die ich für meine Entwürfe brauchte. Jedes einzelne Utensil war genau ausgewählt – und wie hilfreich sie mit Beleuchtungsproblemen war; für diese Produktion brachte sie ein paar brillante Ideen ein. Sie sollte selbst Produzent werden.«

Stanley Kramer, der Filmproduzent:
»Die Dietrich, nun, sie wird immer sie selbst bleiben. Anstrengend, in gewisser Weise – und ein Genie, was das Ausgeben meines oder anderer Leute Geld betrifft.«

Richard Burton: »Ich bete sie an – die schönste Frau, die ich je gesehen habe. Seltsamerweise wie ein Skelett, das aus dem Grab gestiegen ist, und dessen Gesichtsknochen kaum von Make-up bedeckt werden. Oh, ihr sollt auferstehen, ihr göttlichen Knochen. Schön und so total ausgefallen. Außerdem kocht sie gut.«

Paustovski, der russische Dichter: »Hätte ich damals ›Das Telegramm‹« – welches sie später bewunderte – »noch nicht geschrieben, ich schriebe es für dich, Marlene. Ich werde eine Geschichte für dich schreiben.«

Harold Hobson, der Theaterkritiker:
»Wenn sie in ihrer Hochform ist, ist sie sogar besser als Chevalier, weil ihre Gefühle zarterer Natur sind, besser als selbst die Piaf, deren Stimme einen beinahe ungemütlichen Umfang hatte, wenn man das Leid bedenkt, das sie darinnen beklagt ... Mrs. Dietrich zeigt uns die Liebe mit ihren Höhen und Tiefen, weil es ihr gelingt, mit unnachahmlicher Präzision den Augenblick der Niederlage zu besingen ...«

»Alles, was man über mich sagen kann, ist ja wohl gesagt worden«, überlegt sie selbst.

»Ich bin nichts Besonderes, bin nichts Großartiges. Einmal sagte ein Regisseur zu mir, als wir einen Film drehten – ›Komm, komm und gib mir die Marlene ...‹«

»Wer ist Marlene?« fragte ich ihn. »Die kenne ich nicht ...«

Marlene Dietrich starb als 90jährige am 6. Mai 1992 in ihrer Pariser Wohnung.

# Marlene Dietrich im Theater

Diese chronologische Übersicht erhebt nicht den Anspruch auf Vollständigkeit, sondern will lediglich die Bühnenlaufbahn des Stars skizzieren.

1922 **Der große Bariton** (Leo Dietrichstein und Fred und Fanny Hatton)
*Regie* Eugen Robert
Berlin – Theater am Kurfürstendamm
*Premiere* 20. Januar 1922

1922 **Die Büchse der Pandora** (Frank Wedekind)
*Regie* Carl Heine
*Rolle* Ludmilla Steinherz
Berlin – Kammerspiele des Deutschen Theaters
*Premiere* 20. Dezember 1918 im Kleinen Schauspielhaus, 1919 Übernahme in die Kammerspiele des Deutschen Theaters. Am 7. September 1922 spielte Marlene Dietrich die Rolle der Ludmilla Steinherz zum ersten Mal.

1922 **Der Widerspenstigen Zähmung** (William Shakespeare)
*Regie* Iwan Schmith (nach Max Reinhardt)
*Rolle* Eine Witwe
Berlin – Großes Schauspielhaus
*Premiere* 2. Oktober 1922

1923 **Timotheus in flagranti** (Hennequin und Veber)
*Regie* Iwan Schmith
*Rolle* Anne-Marie
Berlin – Kammerspiele des Deutschen Theaters
*Premiere* 27. Oktober 1922, am 11. Januar 1923 spielte Marlene Dietrich die Rolle der Anne-Marie zum ersten Mal.

1923 **Der Kreis** (W. Somerset Maugham)
*Regie* Bernhard Reich
*Rolle* Frau Shenstone
Berlin – Kammerspiele des Deutschen Theaters
*Premiere* 24. Januar 1923

1923 **Zwischen neun und neun**
Berlin – Theater in der Königgrätzer Straße

1923 **Penthesilea** (Heinrich von Kleist)
*Regie* Richard Révy
*Rolle* Die Hauptmännin
Berlin – Deutsches Theater
*Premiere* 6. Februar 1923

1923 **Mein Vetter Eduard**
*Regie* Ralph Arthur Roberts
Berlin – Komödienhaus
*Premiere* 12. September 1923

1924 **Ein Sommernachtstraum** (William Shakespeare)
*Regie* Reinhard Bruck
*Rolle* Hippolyta, Königin der Amazonen
Berlin – Theater in der Königgrätzer Straße
*Premiere* 9. Februar 1924

1924 **Wenn der neue Wein wieder blüht** (Bjönstjerne Björnsson)
*Regie* Reinhard Bruck
*Nebenrolle*
Berlin – Theater in der Königgrätzer Straße
*Premiere* 8. März 1924

1925 **Zurück zu Methusalem** (George Bernard Shaw)
*Regie* Victor Barnowsky
Berlin – Theater in der Königgrätzer Straße
*Premiere* 25. November 1925.
Marlene Dietrich war auf den Theaterzetteln nicht vermerkt, wurde aber von den Kritikern erwähnt.

1926 **Zurück zu Methusalem** (George Bernard Shaw)
*Regie* Martin Kerb
*Rolle* Eva
Berlin – Tribüne
*Premiere* 14. Januar 1926

1926 **Duell am Lido** (Hans J. Rehfisch)
*Regie* Leopold Jessner
*Rolle* Lou Carrère
Berlin – Staats-Theater (Schauspielhaus)
*Premiere* 20. Februar 1926

1926 **Der Rubikon**
*Regie* Ralph Arthur Roberts
Berlin – Tribüne
*Premiere* April 1926

1926 **Von Mund zu Mund**
*Regie* Erik Charell
Berlin – Großes Schauspielhaus
*Premiere* 1. September 1926

1927 **Die Schule von Uznach oder Neue Sachlichkeit** (Carl Sternheim)
*Regie* Emil Geyer
*Rolle* Thylla Vandenbergh
Wien – Theater in der Josefstadt
*Premiere* 28. November 1927

*Hans Albers und Marlene Dietrich hatten 1929 mit dem Revuestück ›Zwei Krawatten‹ (von Georg Kaiser) am Berliner Theater großen Erfolg.*

1928 **Broadway** (George Dunning und Philipp Abbott)
     *Regie* Eugen Robert
     *Rolle* Rubie
     Berlin – Komödienhaus
     *Premiere* 9. März 1928

1928 **Nachtkabarett** (Festprogramm zu Ehren des 50jährigen Berliner
Schauspieler-Jubiläums von Guido Thielscher)
*Gesamtleitung* Dr. Martin Zickel
*Marlene Dietrich als* Thielscher-Girl
Berlin – Lustspielhaus
*Einmalige Aufführung am* 27. März 1928
1928 **Es liegt in der Luft oder Ein Spiel im Warenhaus** (Marcellus Schif-
fer und Mischa Spoliansky)
*Regie* Forster Larrinaga
*Rolle* Marlene Dietrich spielte in den Szenen: Reste, Scherzartikel,
Kleptomanen, Nippes, Musikalien, Sisters und Sportabteilung
Berlin – Komödie
*Premiere* 15. Mai 1928
1928 **Eltern und Kinder** (George Bernard Shaw)
*Regie* Heinz Hilpert
*Rolle* Hypatia
Berlin – Komödie
*Premiere* 12. September 1928
1929 **Der Marquis von Keith** (Frank Wedekind)
*Regie* Leopold Jessner
*Rolle* Gast des Herrn Marquis von Keith
Berlin – Schauspielhaus am Gendarmenmarkt
*Premiere* 28. März 1929
1929 **Zwei Krawatten** (Georg Kaiser)
*Regie* Forster Larrinaga
*Rolle* Mabel
Berlin – Berliner Theater
*Premiere* 5. September 1929

# Marlene Dietrich und ihre Filme

Die Filmographie ist chronologisch nach Uraufführungsdaten geordnet und weist nur dann deutschsprachige Titel aus, wenn der Film auch in Synchronfassung gezeigt wurde.

1923 **Der Mensch am Wege** (D)
*Weiterer Titel* **Menschen am Wege**
*Produktion* Osmania. *Regie* Wilhelm Dieterle. *Buch* Wilhelm Dieterle (nach einer Erzählung von Leo Tolstoi). *Kamera* Willy Hameister. *Bauten* Herbert Richter-Luckian. *Aufnahmeleitung* Willy Habantz.
*Darsteller* Alexander Granach (Schuster), Emilie Unda (seine Frau), Wilhelm Dieterle (Michael), Heinrich George (Gutsbesitzer) MARLENE DIETRICH (Krämerstochter), Wilhelm Diegelmann (Wirt), Sophie Pagay (Krämersfrau), Fritz Rasp, Werner Pledath (Knechte), Wilhelm Völcker (Kutscher), Lieselotte Rolle (Kind des Schusters), Max Pohl (Amtmann), Ludwig Rex (Aufseher), Ernst Gronau (Arzt), Dolly Lorenz (Magd), Fritz Kampers, Gerhard Bienert, Lotte Stein, Georg Hilbert.
*Marlene Dietrich* als Krämerstochter, die an der Seite eines Gutsknechts glücklich wird.
*Länge* 1645 Meter (stumm). *Uraufführung* 12.6.1923, Alhambra, Berlin.

1923 **Tragödie der Liebe** (D)
*Produktion* May-Film (Joe May). *Regie* Joe May. *Buch* Adolf Lantz, Leo Birinski. *Kamera* Sophus Wangoe, Karl Puth. *Musik* Wilhelm Löwitt. *Bauten* Paul Leni. *Regieasistenz* Robert Wüllner. *Kostüme* Ali Hubert. *Aufnahmeleitung* Rudolf Sieber.
*Darsteller* Mia May (Manon Moreau), Rudolf Forster (François Moreau), Emil Jannings (Ombrade), Wladimir Gaidarow (André Rabatin), Ida Wüst (Mme. de la Roquère), Hedwig Pauly-Winterstein (Adrienne Moreau), Erika Gläßner (Musette), Guido Herzfeld (Marcel), Irmgard Bern (Yvonne), Hermann Vallentin (Kommissar), Arnold Korff (Henry Beaufort, Detektiv), Kurt Vespermann (Staatsanwalt-Substitut), Kurt Götz (Staatsanwalt), MARLENE DIETRICH (Lucie), Eugen Rex (Jean), Charlotte Ander, Paul Biensfeldt, Lena Amsel, Ernst Gronau, Fritz Richard, Loni Nest, Paul Graetz, Rudolf Lettinger, Hans Waßmann.
*Marlene Dietrich* als Freundin eines Staatsanwaltes.
*Länge* 1. Teil 1939 Meter, 2. Teil 1790 Meter, 3. Teil 1719 Meter, 4. Teil 1984 Meter, bzw. 3468 Meter in der von Joe May umgeschnittenen Fassung (stumm). *Uraufführung* 1. und 2. Teil 8.10.1923, Ufa-Palast am Zoo, Berlin, 3. und 4. Teil 7.11.1923, ebenda.

1923  **So sind die Männer** (D)
*Weiterer Titel* **Der kleine Napoleon,** *auch* **Napoleons kleiner Bruder**
*Produktion* Ufa. *Regie* Georg Jacoby. *Buch* Georg Jacoby, Robert Liebmann. *Kamera* Emil Schünemann, Max Schneider. *Bauten* Martin Jacoby-Boy.
*Darsteller* Egon v. Hagen (Napoleon), Paul Heidemann (Jerôme Bonaparte), Harry Liedtke (Georg v. Melsungen), Antonia Dietrich (Charlotte), Loni Nest (Lieselotte), Kurt Vespermann (Florian Wunderlich), Paul Biensfeldt (Feldmarschall), Jakob Tiedtke (Jeremias v. Katzenellenbogen), Alice Hechy (Annemarie), MARLENE DIETRICH (Kathrin), Kurt Fuß (Leiter des königlichen Balletts), Marquisette Bosky (Primaballerina), Wilhelm Bendow (Jerômes Diener), Loni Pyrmont.
*Marlene Dietrich* als Kammerzofe einer französischen Gräfin.
*Länge* 2713 Meter (stumm). *Uraufführung* 29.11.1923, Marmorhaus, Berlin. (Marlene Dietrichs Debütfilm, der aber erst nach den beiden vorgenannten Filmen uraufgeführt wurde.)

1924  **Der Sprung ins Leben** (D)
*Produktion* Messter-Film der Ufa. *Regie* Johannes Guter. *Buch* Franz Schulz. *Kamera* Fritz Arno Wagner. *Bauten* Rudi Feld.
*Darsteller* Xenia Desni (Idea), Walter Rilla (Frank), Paul Heidemann (Dr. Rudolf Borris), Frida Richard (seine Tante), Lydia Potechina (Frau des Zirkusdirektors), Käte Haack (Dr. Borris' Sekretärin), Leonhard Haskel (Zirkusdirektor), Hans Brausewetter (Borris' Freund), MARLENE DIETRICH (Mädchen am Strand), Hans Heinrich v. Twardowski (Geiger), Max Gülstorff, Erling Hanson, Hermann Thimig, Ernst Pröckl.
*Marlene Dietrich* in einer Chargenrolle.
*Länge* 2075 Meter (stumm). *Uraufführung* 4.2.1924, Tauentzien-Palast, Berlin.

1926  **Manon Lescaut** (D)
*Produktion* Ufa. *Regie* Arthur Robison. *Buch* Hans Kayser, Arthur Robison (nach dem Roman von Abbé Prévost). *Kamera* Theodor Sparkuhl. *Musik* Ernö Rapée. *Bauten und Kostüme* Paul Leni.
*Darsteller* Lya de Putti (Manon Lescaut), Wladimir Gaidarow (des Grieux), Eduard Rothauser (Marschall des Grieux), Fritz Greiner (Marquis de Bli), Hubert v. Meyerinck (der junge de Bli), Frida Richard, Emilie Kurz (Manons Tanten), Theodor Loos (Tiberge), Siegfried Arno (Lescaut), Lydia Potechina (Susanne), Trude Hesterberg (Claire), MARLENE DIETRICH (Micheline), Hans Junkermann, Olga Engl, Hermann Picha, Karl Harbacher.
*Marlene Dietrich* in einer Chargenrolle.
*Länge* 2645 Meter (stumm). *Uraufführung* 15.2.1926, Ufa-Palast am Zoo, Berlin.

*Marlene Dietrich als Krämerstochter in ›Der Mensch am Wege‹, 1923, mit Wilhelm Dieterle (im Bild).*

1926 **Madame wünscht keine Kinder** (D)
*Produktion* Dt. Vereins-Film AG (Karl Freund). *Regie* Alexander
Korda. *Buch* Béla Bálazs (nach dem gleichnamigen Roman von
Clément Vautel). *Kamera* Theodor Sparkuhl, Robert Baberske.
*Musik* Willy Schmidt-Gentner. *Bauten* Otto F. Werndorff. *Kostü-
me* Maison Deuillet. *Produktionsleitung* Karl Hartl. *Aufnahmelei-
tung* Rudolf Sieber.
*Darsteller* Maria Corda (Elayne), Harry Liedtke (Paul), Maria
Paudler (Louise), Dina Gralla (Lulu), Trude Hesterberg (Elaynes
Mutter), Hermann Vallentin (Pauls Onkel), Ellen Müller (Elaynes
Zofe), Camilla v. Hollay (Louises Zofe), Olga Mannel (Köchin bei
Louise), MARLENE DIETRICH (Tanzgirl), John Loder.
*Marlene Dietrich* als Tänzerin in einem Tanzlokal.
*Länge* 2166 Meter (stumm). *Uraufführung* 14.12.1926, Capitol,
Berlin.

1927 **Eine Dubarry von heute** (D)
*Weiterer Titel* **Eine moderne Dubarry**
*Produktion* Fellner & Somlo für Ufa. *Regie* Alexander Korda.
*Buch* Alexander Korda, Robert Liebmann, Paul Reboux (nach
dem gleichnamigen Roman von Ludwig Biro). *Kamera* Fritz Arno
Wagner. *Musik* Werner R. Heymann. *Bauten* Otto F. Werndorff.
*Darsteller* Maria Corda (Toinette), Alfred Abel (Sillon), Jean Bra-
din (Sandro), Friedrich Kayßler (Cornelius Corbett), Julius v. Szö-
reghi (General Padilla), Hans Albers (Darius Kerbelian), Alfred
Gerasch (Graf Rabbatz), Karl Platen (Diener), Albert Paulig
(Clairet), Hans Wassmann (Theaterdirektor) Eugen Burg (Levas-
seur), MARLENE DIETRICH unter dem Namen Marlaine Dietrich
(Kokotte), Julia Serda (Tante Julie), Hedwig Wangel (Rosalie),
Hilda Radney (Juliette), Lotte Lorring (Mannequin).
*Marlene Dietrich* in einer Chargenrolle.
*Länge* 3004 Meter (stumm). *Uraufführung* 24.1.1927, Ufa-Palast
am Zoo, Berlin.

1927 **Der Juxbaron** (D)
*Produktion* Ellen-Richter-Film. *Regie* Willi Wolff. *Buch* Willi
Wolff, Robert Liebmann (nach der gleichnamigen Operette von
Pordes-Milo, Hermann Haller und Walter Kollo). *Kamera* Axel
Graatkjaer. *Bauten* Ernst Stern.
*Darsteller* Reinhold Schünzel (Blaukehlchen, der Juxbaron), Hen-
ry Bender (Hugo Windisch), Julia Serda (Zerline Windisch), MAR-
LENE DIETRICH (Sophie, ihre Tochter), Teddy Bill (Hans v. Gra-
bow), Trude Hesterberg (Fränze), Albert Paulig (Baron v. Kim-
mel), Fritz Kampers (Polizist), Hermann Picha (Landstreicher),
Colette Brettl (Hilde v. Grabow), Karl Harbacher (Stotter-Wil-
helm), Heinrich Gotho (Gast im Hause Grabow).

*Marlene Dietrich und Hans Brausewetter in ›Der Sprung ins Leben‹, 1924.*

*Marlene Dietrich* als junges Mädchen, die einen reichen Baron heiraten will, der aber ein Schwindler ist.
*Länge* 2179 Meter (stumm). *Uraufführung* 4.3.1927, Mozart-Saal, Berlin.

1927 **Kopf hoch, Charly** (D)
*Produktion* Ellen-Richter-Film. *Regie* Willi Wolff. *Buch* Willi Wolff, Robert Liebmann (nach dem gleichnamigen Roman von Ludwig Wolff). *Kamera* Axel Graatkjaer, Georg Krause. *Bauten* Ernst Stern.
*Darsteller* Anton Pointner (Frank Ditmar), Ellen Richter (Charlotte Ditmar), Michael Bohnen (John Jacob Bunjes), Max Gülstorff (Harry Mosenheim), Margerie Quimby (Margie Quinn), Angelo Ferrari (Marquis d'Ormesson), MARLENE DIETRICH (Edmée Marchand), Blandine Ebinger (Näherin), George de Carlton (Ru-

fus Quinn), Robert Scholz (Herzog v. Sanzedilla), Nikolai Mali-
koff (Prinz Platonoff), Toni Tetzlaff (Fr. Zangenberg), Albert
Paulig (Bunjes' Diener).
*Marlene Dietrich* in einer Chargenrolle.
*Länge* 2512 Meter (stumm). *Uraufführung* 18.3.1927, Ufa-Theater
Kurfürstendamm, Berlin.

1927 **Sein größter Bluff** (D)
*Weiterer Titel* **Er oder ich**
*Produktion* Nero-Film. *Regie* Harry Piel. *Buch* Henrik Galeen.
*Zwischentitel* Herbert Nossen. *Kamera* Georg Muschner, Gott-
hardt Wolf. *Musik* Hans May. *Bauten* W. A. Herrmann. *Regieassi-
stenz* Edmund Heuberger. *Aufnahmeleitung* Walter Zeiske.
*Darsteller* Harry Piel (Henry und Harry Devall, Zwillinge), Toni
Tetzlaff (Mme. Andersson), Lotte Lorring (Tilly, ihre Tochter),
Fritz Greiner (Hennessy), Albert Paulig (Mimikry), Charly Berger
(»Graf« Koks), Boris Michailow (Sherry), MARLENE DIETRICH
(Yvette), Kurt Gerron (Rajah), Eugen Burg (Polizeipräfekt), Paul
Walker (Goliath, ein Zwerg), Vicky Werckmeister (Suzanne),
Curt Bullerjahn, Charles François, Wolfgang v. Schwind (Gauner-
typen), Karl Harbacher.
*Marlene Dietrich* in einer Chargenrolle.
*Länge* 2984 Meter (stumm). *Uraufführung* 12.5.1927, Alhambra,
Berlin.

1927 **Café Elektric** (A)
*Weiterer Titel* **Wenn ein Weib den Weg verliert** *auch* **Café Electric**
*auch* **Die Liebesbörse**
*Produktion* Sascha. *Regie* Gustav Ucicky. *Buch* Jaques Bachrach
(nach dem Theaterstück »Die Liebesbörse« von Felix Fischer). *Kamera* Hans Androschin. *Bauten* Artur Berger. *Regieassistenz* Karl
Hartl.
*Darsteller* Willi Forst (Ferdl), MARLENE DIETRICH (Erni Göttlinger), Fritz Alberti (Kommerzialrat Göttlinger), Nina Vanna (Han-
si), Igo Sym (Max Stöger), Wilhelm Völcker (Dr. Lehner), Anny
Coty (Göttlingers Freundin), Vera Salvotti (Paula), Albert Ker-
sten (Hr. Zerner), Dolly Davis.
*Marlene Dietrich* als Kommerzialratstochter, die einem Eintänzer
und Taschendieb verfällt.
*Länge* 2400 Meter (stumm). *Uraufführung* 25.11.1927, Wien.

1928 **Prinzessin Olala** (D)
*Produktion* Super-Film. *Regie* Robert Land. *Buch* Franz Schulz
(nach der gleichnamigen Operette von Jean Gilbert, Rudolf Ber-
nauer und Rudolf Schanzer). *Kamera* Willi Goldberger. *Bauten*
Robert Neppach. *Produktionsleitung* Julius Haimann. *Aufnahmeleitung* Fritz Brunn.

Oben: In ›Sein größter Bluff‹, 1927, spielte Harry Piel nicht nur die Doppelrolle der Zwillinge Devall, sondern führte auch Regie. Auf der Treppe: Marlene Dietrich als Yvette. Unten: Willi Forst und Marlene Dietrich in ›Café Elektric‹.

*Darsteller* Hermann Böttcher (Fürst), Walter Rilla (Prinz Boris, sein Sohn), Georg Alexander (Kammerherr), Carmen Boni (Prinzessin Xenia), MARLENE DIETRICH (Chichotte de Gastoné), Ila Meery (Hedy), Hans Albers (René), Julius v. Szöreghi (ein starker Herr), Aribert Wäscher (Polizeipräfekt), Karl Goetz (ein alter Kavalier), Lya Christy (Lady Jackson), Alfred Abel.

*Marlene Dietrich* als französische Lebedame, die einem noch unerfahrenen Prinzen Anschauungsunterricht in Sachen Liebe geben soll.

*Länge* 2922 Meter (stumm). *Uraufführung* 5.9.1928, Ufa-Theater Kurfürstendamm, Berlin.

1929 **Ich küsse Ihre Hand, Madame** (D)

*Produktion* Super-Film. *Regie* Robert Land. *Buch* Robert Land (nach einer Erzählung von Rolf E. Vanloo). *Kamera* Carl Drews, Gotthardt Wolf. *Musik* Pasquale Perris. *Titellied* Ralph Erwin (gesungen von Richard Tauber). *Liedtext* Fritz Rotter. *Bauten* Robert Neppach. *Regieassistenz* Friedel Buckow. *Aufnahmeleitung* Fritz Brunn. *Kameraassistenz* Fred Zinnemann.

*Darsteller* Harry Liedtke (Jacques, Kellner), MARLENE DIETRICH (Laurence Gérard), Pierre de Guignand (Adolphe Gérard), Karl Huszar-Puffy (Tallandier, Anwalt).

*Marlene Dietrich* als junge geschiedene Frau, die sich in einen verarmten Grafen, der als Kellner arbeitet, verliebt.

*Länge* 2020 Meter (stumm, mit Musik). *Uraufführung* 17.1.1929 Tauentzien-Palast, Berlin.

1929 **Die Frau, nach der man sich sehnt** (D)

*Produktion* Terra. *Regie* Kurt Bernhardt. *Buch* Ladislaus Vajda (nach dem gleichnamigen Roman von Max Brod). *Kamera* Curt Courant, Hans Scheib. *Bauten* Robert Neppach. *Produktionsleitung* Hermann Grund. *Aufnahmeleitung* Otto Lehmann.

*Darsteller* MARLENE DIETRICH (Stascha), Fritz Kortner (Dr. Karoff), Frida Richard (Mme. Leblanc), Oskar Sima (Charles Leblanc), Uno Henning (Henry Leblanc), Karl Ettlinger (Poitrier), Bruno Ziener (Leblancs Diener), Edith Edwards (Angela Poitrier).

*Marlene Dietrich* als Lebensgefährtin eines verbrecherischen Arztes, der sie durch Erpressung daran hindert, mit ihrem Geliebten glücklich zu werden.

*Länge* 2360 Meter (stumm). *Uraufführung* 29.4.1929, Mozart-Saal, Berlin.

1929 **Das Schiff der verlorenen Menschen** (D)

*Produktion* Max-Glass-Produktion. *Regie* Maurice Tourneur. *Buch* Maurice Tourneur (nach dem Roman von Franzos Kere-

›Die Frau, nach der man sich sehnt‹, Regie Kurt Bernhardt, 1929, war der dritte wichtige Film Marlene Dietrichs (im Foto mit Fritz Kortner).

men). *Kamera* Nikolaus Farkas. *Bauten* Franz Schroedter. *Regieassistenz* Jacques Tourneur. *Aufnahmeleitung* Rudolf Strobl.
*Darsteller* Fritz Kortner (Kapitän Fernando Vela), MARLENE DIETRICH (Ethel Marley), Robin Irvine (T. W. Cheyne), Vladimier Sokoloff (Grischa, Koch), Gaston Modot (Morain), Fedor Schaljapin jr. (Nick), Boris de Fas (Tätowierter), Max Maximilian (Tom Butley), Fritz Alberti, Heinrich Gotho, Robert Garrison, Emil Heyse, Fred Immler, Harry Grunwald, Alfred Loretto.
*Marlene Dietrich* als abgestürzte Ozeanfliegerin, die auf einem Schmugglerschiff Unterschlupf findet.
*Länge* 2953 Meter (stumm). *Uraufführung* 17.9.1929, Ufa-Pavillon am Nollendorfplatz, Berlin.

1930 **Gefahren der Brautzeit** (D)
*Weiterer Titel* **Eine Nacht der Liebe** *auch* **Liebesnächte** (Zensurtitel)
*Produktion* Strauß-Film. *Regie* Fred Sauer. *Buch* Walter Wasser-

*Emil Jannings, Marlene Dietrich und Rosa Valetti in ›Der blaue Engel‹, 1930.*

mann, Walter Schlee. *Kamera* Laszlo Schäffer. *Bauten* Max Heilbronner. *Aufnahmeleitung* Robert Leistenschneider.

*Darsteller* MARLENE DIETRICH (Evelyne), Willi Forst (Baron v. Geldern), Lotte Loring (Yvette), Ernst Stahl-Nachbaur (McClure), Bruno Ziener (Miller), Elza Temary (Florence), Albert Hörrmann, Hans Wallner, Otto Kronburger.

*Marlene Dietrich* als junge Frau, die sich auf der Bahnfahrt zu ihrem Verlobten in seinen besten Freund verliebt.

*Länge* 2232 Meter (stumm). *Uraufführung 21.2.1930, Roxy-Palast, Berlin.*

*1930* **Der blaue Engel** (D)

*Produktion* Ufa (Erich Pommer). *Regie* Josef v. Sternberg. *Buch* Robert Liebmann (nach dem von Carl Zuckmayer und Karl Vollmöller bearbeiteten Roman »Professor Unrath« von Heinrich

*Marlene Dietrich, Hans Albers und Emil Jannings in ›Der blaue Engel‹,*
*1930.*

Mann). *Kamera* Günther Rittau, Hans Schneeberger. *Musik*
Friedrich Hollaender. *Lieder* »Ich bin die fesche Lola«, »Ich bin
von Kopf bis Fuß auf Liebe eingestellt«, »Nimm dich in acht vor
blonden Frauen«, »Kinder, heut' abend such' ich mir was aus«.
*Liedtexte* Friedrich Hollaender, Robert Liebmann. *Bauten* Emil
Hasler, Otto Hunte. *Ton* Fritz Thiery.
*Darsteller* MARLENE DIETRICH (Lola-Lola), Emil Jannings (Prof.
Immanuel Rath), Kurt Gerron (Kiepert, Zauberer), Rosa Valetti
(Gusti, seine Frau), Hans Albers (Mazeppa), Reinhold Bernt
(Clown), Eduard v. Winterstein (Schuldirektor), Hans Roth (Pe-
dell), Rolf Müller (Gymnasiast Angst), Rolant Varno (Gymnasiast
Lohmann), Karl Balhaus (Gymnasiast Ertzum), Robert Klein-
Lörk (Gymnasiast Goldstaub), Karl Huszar-Puffy, Wilhelm Die-
gelmann, Gerhard Bienert, Ilse Fürstenberg.

*Gary Cooper und Marlene Dietrich in ›Morocco/Marokko/Herzen in Flammen‹, 1930.*

*Marlene Dietrich* als Tingeltangeltänzerin und Sängerin, die einen Kleinstadtlehrer heiratet und ihn dadurch ins Unglück stürzt. *Länge* 108 Minuten. *Uraufführung* 1.4.1930, Berlin.

1930 **Morocco** (USA)
*Deutscher Titel* **Herzen in Flammen** *auch* **Marokko**
*Produktion* Paramount. *Regie* Josef v. Sternberg. *Buch* Jules

*Eine Szene aus ›Dishonored/X.27‹, 1931.*

Furthmann (nach »Amy Jolly, die Frau aus Marrakesch« von Benno Vigny). *Kamera* Lee Garmes, Lucien Ballard. *Lieder* »Give Me the Man who Does Things«, »What Am I Bid for My Apples?« von Leo Robin, Karl Hajos, »Quand l'amour meurt« von Millandy & Crémieux. *Production Design* Hans Dreier. *Schnitt* Sam Winston. *Kostüme* Travis Banton. *Ton* Harry D. Mills.

209

*Darsteller* Gary Cooper (Tom Brown), MARLENE DIETRICH (Amy Jolly), Adolphe Menjou (Kennington/La Bessière), Ullrich Haupt (Adjutant Caesar), Francis McDonald (Corp. Tatoche), Eve Southern (Mme. Caesar), Emile Chautard (französischer General), Juliette Compton (Anna Dolores), Paul Porcasi (Lo Tinto), Michael Visaroff (Barratire) Albert Conti (Quinnovière).

*Marlene Dietrich* als Nachtklubsängerin in Marokko, die – obwohl von einem reichen Geschäftsmann umworben – letztlich einem Fremdenlegionär in die Wüste folgt.

*Länge* 93 Minuten. *Uraufführung* 14.11.1930, Rivoli Theatre, New York.

## 1931 **Dishonored** (USA)

*Deutscher Titel* **X 27**

*Produktion* Paramount. *Regie* Josef v. Sternberg. *Buch* Daniel H. Rubin (nach einer Story von Josef v. Sternberg). *Kamera* Lee Garmes. *Musik* Karl Hajos (unter Verwendung von Kompositionen von Josef v. Sternberg). *Production Design* Hans Dreier. *Kostüme* Travis Banton. *Ton* Harry D. Mills.

*Darsteller* MARLENE DIETRICH (X 27), Victor McLaglen (Lt. Kranau), Lew Cody (Oberst Kovrin), Gustav v. Seyffertitz (Chef des österreichischen Geheimdienstes), Warner Oland (Gen. v. Hindau), Barry Norton (junger Leutnant), Davison Clark (Gerichtsoffizier), Wilfried Lucas (Gen. Dymov), Bill Powell, George Irving.

*Marlene Dietrich* als österreichische Geheimagentin, die während des Ersten Weltkrieges aus Liebe zu einem russischen Leutnant zur Verräterin wird.

*Länge* 91 Minuten. *Uraufführung* 5.3.1931, Rialto Theatre, New York.

## 1932 **Shanghai Express** (USA)

*Deutscher Titel* **Schanghai-Expreß**

*Produktion* Paramount. *Regie* Josef v. Sternberg. *Buch* Jules Furthman (nach einer Story von Harry Hervey). *Kamera* Lee Garmes (unter Verwendung von Dokumentaraufnahmen von James Wong Howe). *Musik* W. Franke Harling. *Production Design* Hans Dreier. *Kostüme* Travis Banton.

*Darsteller* MARLENE DIETRICH (Shanghai Lily), Clive Brook (Capt. Donald Harvey), Anna May Wong (Hui Fei), Warner Oland (Henry Chang), Eugene Pallette (Sam Salt), Gustav v. Seyffertitz (Eric Baum), Emile Chautard (Major Lenard), Louise Closser-Hale (Mrs. Haggerty), Lawrence Grant (Mr. Carmichael), Claude King (Albright), Neshida Minoru (chinesischer Spion), Willie Fung, Leonard Carey, Miki Morita, James Leong, Forrester Harvey.

*Anna May Wong und Marlene Dietrich in ›Shanghai-Express‹, 1932.*

Marlene Dietrich als Passagierin eines Zuges, der von der chinesischen Roten Armee an der Weiterfahrt gehindert wird.
*Länge* 84 Minuten. *Uraufführung* 12.2.1932, Rialto Theatre, New York.

1932 **Blonde Venus** (USA)
*Deutscher Titel* **Die blonde Venus**
*Produktion* Paramount. *Regie* Josef v. Sternberg. *Buch* Jules Furthman, S. K. Lauren (nach einer Story von Josef v. Sternberg). *Kamera* Bert Glennon. *Musik* Oskar Potoker. *Lieder* »Hot Voodoo«, »You Little So-and-So« von Ralph Rainger, »I Couldn't Be Annoyed« von Dick Whiting. *Liedtexte* Sam Coslow, Leo Robin. *Production Design* Wiard Ihnen. *Kostüme* Travis Banton.
*Darsteller* MARLENE DIETRICH (Helen Faraday), Herbert Mar-

211

*Marlene Dietrich mit Partner in ›Blonde Venus/Die blonde Venus‹, 1932.*

shall (Edward Faraday), Cary Grant (Nick Townsend), Dickie Moore (Johnny Faraday), Sidney Toler (Detektiv Wilson), Sterling Holloway (Joe), Gene Morgan (Ben Smith), Ria LaRoy (»Taxi Belle« Hooper), Robert Emmett O'Connor (Dan O'Connor), Francis Sayles (Charlie Blaine), Morgan Wallace (Dr. Pierce), Evelyn Preer (Iola), Ferdinand Schumann-Heink (Henry), Charles Morton (Bob), Jerry Tucker (Otto), Hattie McDaniel (Negermädchen), Robert Graves (La Farge), Lloyd Whitlock (Manager), Cecile Cunningham (Managerin), Emile Chautard (Chautard), Dewey Robinson (Restaurantbesitzer), Clifford Dempsey (Richter).

*Marlene Dietrich* als Ehefrau eines Physikers, die als Nachtklubsängerin auftritt, um ihrem erkrankten Mann einen teuren Klinikaufenthalt zu ermöglichen.

*Länge* 80 Minuten. *Uraufführung* 22.9.1932.

1933 **Song Of Songs** (USA)

*Deutscher Titel* **Das Hohe Lied** *auch* **Das Lied der Lieder**

*Produktion* Paramount (Rouben Mamoulian). *Regie* Rouben Mamoulian. *Buch* Samuel Hoffenstein, Leo Birinski (nach »Das Hohe Lied« von Hermann Sudermann und dem Theaterstück von Edward Sheldon). *Kamera* Victor Milner. *Musik* Karl Hajos, Milan Rodern (unter Verwendung des Liedes »Johnny« von Friedrich Hollaender). *Musikalische Leitung* Nathaniel W. Finston. *Liedtext* Edward Heyman. *Production Design* Hans Dreier. *Kostüme* Travis Banton.

*Darsteller* MARLENE DIETRICH (Lily Czepanek), Brian Aherne (Richard Waldow), Lionel Atwill (Baron v. Merzbach), Alison Skipworth (Fr. Rasmussen), Hardie Albright (Walter v. Prell), Helen Freeman (Frl. v. Schwartzfegger), Hans Schumm, Morgan Wallace, James Marcus, Richard Bennett, Wilson Benge.

*Marlene Dietrich* als Modell und Geliebte eines Bildhauers, die von dessen Mäzen, einem Baron geheiratet wird.

*Länge* 86 Minuten. *Uraufführung* 19.7.1933, Criterion Theatre, New York.

1934 **The Scarlet Empress** (USA)

*Deutscher Titel* **Die große Zarin** *auch* **Die scharlachrote Kaiserin**

*Produktion* Paramount (präsentiert von Adolph Zukor). *Regie* Jo-

*Die Tochter Marlene Dietrichs, Maria Sieber, in der Rolle der Sophia Frederica als Kind in ›The Scarlet Empress/Die scharlachrote Kaiserin/Die große Zarin‹, 1934.*

sef v. Sternberg. *Buch* Manuel Komroff (nach dem Tagebuch Katharinas der Großen). *Kamera* Bert Glennon. *Musik* W. Franke Harling, John M. Leipold, Milan Roder. *Production Design* Hans Dreier. *Bauten* Peter Ballbusch, Richard Kollorsz. *Special effects* Gordon Jennings. *Kostüme* Travis Banton.

*Darsteller* MARLENE DIETRICH (Katharina die Große), John Lodge (Fürst Alexej), Sam Jaffe (Großfürst Peter), C. Aubrey Smith (Prinz August), Louise Dresser (Zarin Elisabeth), Gavin Gordon (Gregory Orloff), Jane Darwell (Mlle. Cardell), Jameson Thomas (Lt. Ovtsyn), Erville Alderson (Kanzler Bestuchef), Marie Wells (Marie), Edward Van Sloan (Hr. Wagner), Hans Heinrich v. Twardowski (Ivan (Shuvolov), Harry Woods (Arzt), Maria Sieber (Sophia als Kind), Ruthelma Stevens (Fürstin Elisabeth), Olive Tell (Prinzessin Johanna), Davison Clark (Archimandrit), Gerald

175.54

*Marlene Dietrich und Partner in* ›The Scarlet Empress/Die scharlachrote Kaiserin/Die große Zarin‹, *1934.*

*Die Männer liegen ihr zu Füßen und sie läßt ihre Launen an ihnen aus: Marlene Dietrich in ›The Devil Is A Woman/Die spanische Tänzerin‹, 1935.*

Fielding (Lt. Dmitri), James Burke (Wächter), Belle Stoddard Johnstone (Erste Tante), Nadine Beresford (Zweite Tante), Eunice Moore (Dritte Tante), James Marcus (Wirt), George Davis (Hofnarr), Bruce Warren, Eric Alden (Lakaien).

*Marlene Dietrich* als Prinzessin Sophia Frederica, die mit dem wahnsinnigen Großfürsten Peter verheiratet wird und mit Hilfe der Kirche und der Armee als Zarin Katharina II. den Thron besteigt. *Länge* 102 Minuten. *Uraufführung* 19.5.1934, Carlton, London.

1935 **The Devil Is A Woman** (USA)

*Deutscher Titel* **Die spanische Tänzerin** *auch* **Der Teufel ist ein Weib**

*Produktion* Paramount. *Regie* Josef v. Sternberg. *Buch* Josef v. Sternberg, S. K. Winston, John Dos Passos (nach dem gleichnamigen Roman von Pierre Louys). *Kamera* Josef v. Sternberg. *2. Kamera* Lucien Ballard. *Orchestrierung* Ralph Rainger, Andrea Setaro. *Lied* »Three Sweethearts Have I« von Ralph Rainger. *Liedtext*

Leo Robin. *Production Design* Hans Dreier (nach Entwürfen von Josef v. Sternberg). *Schnitt* Sam Winston. *Kostüme* Travis Banton.
*Darsteller* MARLENE DIETRICH (Concha Perez), Lionel Atwill (Don Pasqual), Cesar Romero (Antonio Galvan), Edward Everett Horton (Don Paquito), Alison Skipworth (Señora Perez), Morgan Wallace (Dr. Mendez), Tempe Pigott (Tuerta), Charles Sellon (Briefschreiber), Hank Mann (Aufseher), Don Alvarado (Morenito), Jill Dennett (Maria), Lawrence Grant (Dirigent), Luisa Espinal (Zigeunertänzerin), Edwin Maxwell (Oberaufseher), Donald Reed, Eddie Borden.
*Marlene Dietrich* als spanische Tänzerin, die sich in einen Revolutionär verliebt.
*Länge* 76 Minuten. *Uraufführung* 3.5.1935, Paramount Theatre, New York.

1936 **Desire** (USA)
*Deutscher Titel* **Sehnsucht** *auch* **Perlen zum Glück**
*Produktion* Ernst Lubitsch (präsentiert von Adolph Zukor). *Regie* Frank Borzage. *Buch* Edwin Justus Mayer, Samuel Hoffenstein, Waldemar Young (nach einer Komödie von Robert A. Stemmle und Hans Szekely). *Kamera* Charles Lang, Victor Milner. *Musik* Friedrich Hollaender. *Lied* »Awake in a Dream« von Friedrich Hollaender. *Liedtext* Leo Robin. *Production Design* Hans Dreier, Robert Usher. *Bauten* A. E. Freudeman. *Schnitt* William Shea. *Regieassistenz* Lew Borzage. *Special effects* Farciot Edouart, Harry Perry. *Kostüme* Travis Banton. *Ton* Harry D. Mills.
*Darsteller* MARLENE DIETRICH (Madeleine de Beaupré), Gary Cooper (Tom Bradley), John Halliday (Carlos Margoli), William Frawley (Mr. Gibson), Ernest Cossart (Aristide Duval), Akim Tamiroff (Polizist), Alan Mowbray (Dr. Pauquet), Zeffi Tilbury (Tante Olga), Marc Lawrence (Diener), Harry Antrim (Chauffeur), George Davis (Mechaniker), Stanley Andrews (Zollinspektor), Harry Depp (Sekretär), Gaston Glass, Armand Kalia (Angestellte im Juwelierladen), Albert Pollet (französischer Polizist), Robert O'Connor (Zollbeamter), Alden Chase (Hotelangestellter), Anna Delinsky (Dienstmädchen), George MacQuarrie (Sekretär mit Pistole).
*Marlene Dietrich* als Juwelendiebin, die einen unschuldigen Amerikaner benutzt, um eine Perlenkette über die Grenze zu schmuggeln.
*Länge* 98. Minuten. *Uraufführung* 11.4.1936, Paramount Theatre, New York.

1936 **The Garden Of Allah** (USA)
*Deutscher Titel* **Der Garten Allahs**
*Produktion* David O. Selznick. *Regie* Richard Boleslawski. *Buch*

*Marlene Dietrich und Gary Cooper in der Ernst Lubitsch-Produktion ›Desire/Sehnsucht/Perlen zum Glück‹, 1936.*

W. P. Lipscomb, Lynn Riggs (nach dem Roman von Robert Hichens). *Kamera* (Farbe, Technicolor) W. Howard Greene, Virgil Miller, Wilfrid Cline, Robert Carney. *Musik* Max Steiner. *Production Design* Lansing C. Holden, Lyle Wheeler. *Bauten* Sturges Carne, Edward Boyle. *Schnitt* Hal C. Kern, Anson Stevenson. *Regieassistenz* Joshua Logan, Eric Stacey. *Special effects* Jack Cosgrove. *Kostüme* Ernest Dryden, Jeanette Couget. *Make-up* Sam Kauf-

*David O. Selznick produzierte 1936 ›The Garden Of Allah/Der Garten Allahs‹, der mit großem Aufwand in der Mojawe-Wüste in Arizona gedreht wurde. Mit seinen ausgefallenen, leuchtenden und hervorragend abgestimmten Farben in Technicolor-Verfahren gilt der Film als eines der optischen Meisterwerke der dreißiger Jahre.*

man. *Ton* Earl A. Wolcott. *Kameraberatung* Harold Rosson. *Farbberatung* Natalie Kalmus. *Produktionsleitung* Willis Goldbeck.
*Darsteller* MARLENE DIETRICH (Domini Enfilden), Charles Boyer (Boris Androvsky), Basil Rathbone (Graf Anteoni), C. Aubrey Smith (Vater Roubier), Tilly Losch (Irena), Joseph Schildkraut (Batouch), John Carradine (Wahrsager), Leonid Kinskey (Araber), Bonita Granville, Marcia Mae Jones (Kinder im Konvent), Lucille Watson (Mutter Oberin), Alan Marshall (de Trevignac), Henry Brandon (Hadj), Charles Waldron (Abt), Nigel De Brulier (Lektor), Pedro de Cordoba (Gärtner), Ferdinand Gottschalk (Hotelangestellter), Eric Alden (Anteonis Leutnant), Harlan Briggs (amerikanischer Tourist).
*Marlene Dietrich* als junge Frau in der Sahara, die, ohne es zu wissen, einen geflohenen Ordensbruder heiratet.
*Länge* 90 Minuten. *Uraufführung* 19.11.1936, Radio City Music Hall, New York.

1937 **Knight Without Armour** (GB)
*Deutscher Titel* **Tatjana** *auch* **Ritter ohne Rüstung**
*Produktion* London Films (Alexander Korda). *Regie* Jacques Fey-
der. *Buch* Lajos Biro, Arthur Wimperis, Frances Marion (nach
dem Roman von James Hilton). *Kamera* Harry Stradling. *Musik*
Miklos Rozsa. *Musikalische Leitung* Muir Mathieson. *Production
Design* Lazare Meerson. *Schnitt* Francis Lyon. *Regieassistenz* Im-
lay Watts. *Kostüme* George Benda. *Ton* A. W. Watkins. *Kameraassistenz* Jack Cardiff.
*Darsteller* MARLENE DIETRICH (Alexandra), Robert Donat (A. J.
Fotheringhill), Irene Vanburgh (Herzogin), Herbert Lomas (Vla-
dinoff), Austin Trevor (Oberst Adraxin), David Tree (Maronin),
John Clements (Poushkoff), Miles Malleson (Rotarmist), Lyn
Harding (Schiffer), Raymond Huntley (Offizier der Weißen Ar-
mee), Lisa d'Esterre (Zarin), Basil Gill (Axelstein), Frederick Cul-
ley (Stanfield), Lawrence Hanray (Forester), Hay Petrie (Stations-
vorstand), Lawrence Kingston (Kommissar).
*Marlene Dietrich* als Tochter des russischen Innenministers, die
nach der Revolution mit einem Engländer flieht.
*Länge* 69 Minuten. *Uraufführung* 2.9.1937, Cinéma Avenue, Pa-
ris.
1937 **Angel** (USA)
*Deutscher Titel* **Engel** *auch* **Angel**
*Produktion* Paramount (Ernst Lubitsch). *Regie* Ernst Lubitsch.
*Buch* Samson Raphaelson, Guy Bolton, Russell Medcraft (nach
dem Theaterstück von Melchior Lengyel). *Kamera* Charles Lang.
*Musik* Friedrich Hollaender. *Musikalische Leitung* Boris Moross.
*Lied* »Angel« von Friedrich Hollaender. *Liedtext* Leo Robin. *Pro-
duction Design* Hans Dreier, Robert Usher. *Schnitt* William Shea.
*Regieassistenz* Joseph Lefert. *Special effects* Farciot Edouart. *Ko-
stüme* Travis Banton. *Ton* Harry D. Mills.
*Darsteller* MARLENE DIETRICH (Maria Barker), Herbert Marshall
(Sir Frederick Barker), Melvyn Douglas (Anthony Halton), Ed-
ward Everett Horton (Graham), Ernest Cossart (Walton), Laura
Hope Crews (russische Großherzogin), Ivan Lebedeff (Prinz Gre-
gorovitch), Lionel Pape (Lord Davington), Herbert Mundin
(Greenwood), Dennie Moore (Emma), Leonard Carey, Gerald
Hamer (Lakaien), Michael S. Visaroff (russischer Butler), Olaf
Hytten (Photograph), James Finlayson (Butler), George Davis
(Taxichauffeur).
*Marlene Dietrich* als unternehmungslustige Gattin eines britischen
Diplomaten, die inkognito in Paris eine Romanze mit einem Be-
kannten ihres Mannes hat.

*›Angel/Engel‹, 1937, war Marlene Dietrichs letzter Film bei der Paramount.*

*Länge* 90 Minuten. *Uraufführung* 3.11.1937, Paramount Theatre, New York.

1939 **Destry Rides Again** (USA)
*Deutscher Titel* **Der große Bluff** *auch* **Destry reitet wieder**
*Produktion* Universal (Joe Pasternak). *Regie* George Marshall. *Buch* Felix Jackson, Gertrude Purcell, Henry Myers (6nach dem Roman von Max Brand). *Kamera* Hal Mohr. *Musik* Musik Frank Skinner. *Musikalische Leitung* Charles Previn. *Lieder* »Little Joe the Wrangler«, »You've Got That Look (That Leaves Me Weak)«, »The Boys in the Back Room« von Friedrich Hollaender und Frank Loesser. *Production Design* Jack Otterson. *Schnitt* Milton Carruth. *Kostüme* Vera West. *Ton* Bernard B. Brown.

*Darsteller* MARLENE DIETRICH (Frenchy), James Stewart (Tom Destry), Charles Winninger (Wash Dimsdale), Misha Auer (Boris Callahan), Brian Donlevy (Kent), Samuel S. Hinds (Hiram J. Slade), Jack Carson (Jack Tyndall), Una Merkel (Lily Belle Callahan), Warren Hymer (Gyp Watson), Allan Jenkins (Bugs Watson), Irene Hervey (Janice Tyndall), Billy Gilbert (Loupgerou), Virginia Brissac (Sophie Claggett), Tom Fadden (Lem Claggett), Ann Todd (»Sister« Claggett), Joe King (Sheriff Keogh), Lillian Yarbo (Clara), Edmund MacDonald (Rockwell), Dickie Jones (Eli Whitney Claggett).

*Marlene Dietrich* als Barmädchen und Falschspielerin im Wilden Westen.

*Länge* 94 Minuten. *Uraufführung* 29.11.1939, Rivoli Theatre, New York.

1940 **Seven Sinners** (USA)

*Deutscher Titel* **Das Haus der sieben Sünden** *auch* **Sieben Sünder**

*Produktion* Universal (Joe Pasternak). *Regie* Tay Garnett. *Buch* John Meehan, Harry Tugend (nach einer Story von Ladislas Fodor und Laszlo Vadnai). *Kamera* Rudolph Maté. *Musik* Hans J. Salter,

*James Stewart, Marlene Dietrich und Partner in ›Destry Rides Again/Der große Bluff‹, 1939.*

221

Frank Skinner. *Musikalische Leitung* Charles Previn. *Lieder* »I've Been in Love Before«, »I Fall Overboard«, »The Man's in the Navy« von Friedrich Hollaender, Frank Loesser. *Production Design* Martin Obzina, Jack Otterson. *Schnitt* Ted J. Kent. *Kostüme* Irene, Vera West. *Ton* Bernard B. Brown.

*Darsteller* MARLENE DIETRICH (Bijou), John Wayne (Lt. Bruce Whitney), Albert Dekker (Dr. Martin), Broderick Crawford (Little Ned), Anna Lee (Dorothy Henderson), Misha Auer (Sasha), Billy Gilbert (Tony), Samuel S. Hinds (Gouverneur), Oscar Homolka (Antro), Reginald Denny (Capt. Church), Richard Carle (Distriktoffizier), Vince Barnett (Barkeeper), Herbert Rawlinson (erster Maat), James Craig (Fähnrich), William Bakewell (Fähn-

*John Wayne, damals noch wenig bekannt und mit 400 Dollar pro Woche entlohnt, spielte an der Seite des großen Stars Marlene Dietrich in ›Seven Sinners/Das Haus der sieben Sünden‹, 1940.*

*In der leichten und romantischen Komödie ›The Flame Of New Orleans/ Die Abenteuerin‹, 1941, führte Réne Clair Regie und die Kritik lobte Marlene Dietrichs (hier mit Partnern) »abgestuftes Spiel«.*

rich), Antonio Moreno (Rubio), Russell Hicks (erster Gouverneur), William B. Davidson (Polizeichef), Willie Fung (Händler). *Marlene Dietrich* als Nachtklugsängerin, die aus Liebe einen US-Marine-Leutnant verläßt, da dieser sonst seinen Dienst quittieren würde.

*Länge* 85 Minuten. *Uraufführung* 25.10.1940, New York.

1941 **The Flame Of New Orleans** (USA)
*Deutscher Titel* **Die Abenteurerin** *auch* **Die Abenteuerin**
*Produktion* Universal (Joe Pasternak). *Regie* René Clair. *Buch* Norman Krasna. *Kamera* Rudolph Maté. *Musik* Frank Skinner. *Musikalische Leitung* Charles Previn. *Lied* »Sweet as the Blush of May« von Charles Previn und Sam Lerner. *Production Design* Martin Obzina, Jack Otterson. *Bauten* Russell A. Gausman.

*Schnitt* Frank Gross. *Kostüme* René Hubert. *Ton* Bernard B. Brown.

*Darsteller* MARLENE DIETRICH (Claire Ledeux), Bruce Cabot (Robert Latour), Roland Young (Charles Giraud), Misha Auer (Zolotov), Andy Devine, Frank Jenks, Eddie Quillan (Matrosen), Laura Hope Crews (Tante), Franklin Pangborn (Bellows), Melville Cooper (Schwager), Gitta Alpar (Opernsängerin), Anne Revere (Schwester), Clarence Muse (Samuel), Theresa Harris (Clementine), Bob Evans (William), Virginia Sale, Dorothy Adams (Kusinen), Gus Schilling, Reed Hadley, Bess Flowers.

*Marlene Dietrich* als Weltreisende, die sich in New Orleans als europäische Aristokratin ausgibt, um den reichsten Junggesellen der Stadt heiraten zu können.

*Länge* 71 Minuten. *Uraufführung* 24.4.1941, Orpheum, New Orleans.

### 1941 **Manpower** (USA)

*Deutscher Titel* **Herzen in Flammen**

*Produktion* Warner Bros. (Mark Hellinger). *Regie* Raoul Walsh. *Buch* Richard Macaulay, Jerry Wald. *Kamera* Ernest Haller. *Musik* Adolph Deutsch. *Musikalische Leitung* Leo F. Forbstein. *Lieder* »I'm in No Mood for Music Tonight«, »He Lied and I Listened« von Friedrich Hollaender, Frank Loeser. *Bauten* Max Parker. *Schnitt* Ralph Dawson. *Special effects* Byron Haskin, H. F. Koenekamp. *Kostüme* Milo Anderson. *Make-up* Perc Westmore. *Ton* Dolph Thomas.

*Darsteller* MARLENE DIETRICH (Fay Duval), Edward G. Robinson (Hank McHenry), George Raft (Johnny Marshall), Alan Hale sr. (Jumbo Wells), Frank McHugh (Omaha), Eve Arden (Dolly), Barton MacLane (Smiley Quinn), Walter Catlett (Sidney Whipple), Ward Bond (Eddie Adams), Joyce Compton (Scarlett), Lucia Carroll (Flo), Egon Brecher (Pop Duval), Joseph Crehan (Sweeney), Ben Welden (Al Hurst), Barbara Pepper (Polly), Dorothy Appleby (Wilma), Ralph Dunn (Mann am Telephon), Audra Lindley, Faye Emerson (Krankenschwestern), James Flavin (Sanitäter), Chester Clute (Schreiber), Billy Wayne (Taxifahrer), Harry Semour (Pianist), Brenda Fowler (Verkäuferin), Joe Devlin (Schankkellner), Peter Caldwell, Harry Harvey jr. (Jungen), Fred Graham, Dick Wessel (Streckenarbeiter), Lee Phelps (Detektiv), William Gould (Polizist).

*Marlene Dietrich* als Barsängerin, die bürgerlich heiratet, um ihrem Milieu zu entfliehen.

*Länge* 105 Minuten. *Uraufführung* Juli 1941, Strand Theatre, New York.

*Gute Kritiken gab es für George Raft und Marlene Dietrich in ›Manpower/ Herzen in Flammen‹, 1941.*

1942 **The Lady Is Willing** (USA)

*Produktion* Columbia/Charles K. Feldman Group (Mitchell Leisen). *Regie* Mitchell Leisen. *Buch* James Edward Grant, Albert McCleery. *Kamera* Ted Tetzlaff. *Musik* W. Franke Harling. *Musikalische Leitung* Morris W. Stoloff. *Lied* »Strange Thing (And I Find You)« von Jack King, Gordon Clifford. *Production Design* Lionel Banks, Rudolph Sternad. *Schnitt* Eda Warren. *Kostüme* Irene, John Fredericks. *Choreographie* Douglas Deane. *Ton* Lodge Cunningham.

*Darsteller* MARLENE DIETRICH (Elizabeth Madden), Fred Mac-Murray (Dr. Corey McBain), Aline MacMahon (Buddy), Sterling Holloway (Arthur Miggle), Stanley C. Ridges (Kenneth Hanline), Arline Judge (Frances), Roger Clark (Victor), Marietta Canty (Mary Lou), David James (Baby Corey), Ruth Ford (Myrtle), Harvey Stephens (Dr. Golding), Harry Shannon (Inspektor Barnes), Elizabeth Risdon (Mrs. Cumming), Charles Lane (K. K. Miller), Neil Hamilton (Charlie), Chester Clute (Steuerbeamter), Eugene Borden (Steward), Jimmy Conlin (Schnorrer), Charles Halton (Dr. Jones).

*Marlene Dietrich* als gefeierter Broadwaystar, die ein Findelkind bei sich aufnimmt.

*Länge* 92 Minuten. *Uraufführung* 17.2.1942.

1942 **The Spoilers** (USA)

*Deutscher Titel* **Stahlharte Fäuste** *auch* **Die Freibeuterin**

*Produktion* Universal/Charles K. Feldman Group (Frank Lloyd, Lee Marcus). *Regie* Ray Enright. *Buch* Tom Reed, Lawrence Hazard (nach dem gleichnamigen Roman von Rex Beach). *Kamera* Milton Krasner. *Musik* Hans J. Salter. *Musikalische Leitung* Charles Previn. *Production Design* Jack Otterson, John B. Goodman. *Bauten* Russell A. Gausman, Edward R. Robinson. *Schnitt* Clarence Kolster. *Kostüme* Vera West. *Ton* Bernard B. Brown.

*Darsteller* MARLENE DIETRICH (Cherry Malotte), John Wayne (Roy Glennister), Randolph Scott (Alexander McNamara), Margaret Lindsey (Helen Chester), Harry Carey sen. (Dextry), Richard Barthelmess (Broncho Kid Farrell), William Farnum (Wheaton), Marietta Canty (Loabelle), Russell Simpson (Flapjack Sims), George Cleveland (Banty), Samuel S. Hinds (Richter Stillman), Robert W. Service (Dichter), Irving Bacon (Hotelier), Chester Clute (Montrose), Harry Woods (Minenbesitzer), Charles Halton (Jonathan Struve), William Gould (Thompson), William Haade (Hilfssheriff), Willie Fung (Chinese), Lloyd Ingraham (Kelly).

*Marlene Dietrich* als Saloonwirtin in Alaska, die einem Goldgräber bei der Verteidigung seiner Mine hilft.

*Länge* 84 Minuten. *Uraufführung* 8.5.1942.

1942 **Pittsburgh** (USA)

*Produktion* Universal/Charles K. Feldman Group. *Regie* Lewis Seiler. *Buch* Kenneth Gamet, John Twist, Tom Reed (nach einer Story von George Owen und Tom Reed). *Kamera* Robert de Grasse. *Musik* Frank Skinner, Hans J. Salter. *Musikalische Leitung* Charles Previn. *Production Design* John B. Goodman. *Bauten* Russell A. Gausman, Ira S. Webb. *Schnitt* Paul Landres. *Regieassistenz* Charles Gould. *Special effects* John P. Fulton. *Kostüme* Vera

West. *Produktionsleitung* Robert Fellows.

*Darsteller* MARLENE DIETRICH (Josie »Hunky« Winters), John Wayne (Charles »Pitt« Markham), Randolph Scott (Cash Evans), Frank Craven (»Doc« Powers), Louise Allbritton (Shannon Prentiss), Ludwig Stössel (Dr. Grazlich), Thomas Gomez (Joe Malneck), Samuel S. Hinds (Morgan Prentiss), Paul Fix (Burnside), Nestor Paiva (Barney), Shemp Howard (Shorty), Sammy Stein (Killer Kane), John Dilson (Wilson), William Haade (Johnny), Charles Coleman (Butler), Harry Cording (Grubenarbeiter), Douglas Fowley (Frawley), William Gould (Burns), Harry Seymour (Theaterdirektor), Virginia Sale (Mrs. Bercovici), Wade Boteler (Grubenaufseher), Bess Flowers (Frau), Hobart Cavanaugh.

*Marlene Dietrich* als begehrenswerte Frau zwischen zwei Kohlenbergwerksbesitzern.

*Länge* 91 Minuten. *Uraufführung* 11.12.1942, Criterion Theatre New York.

## 1944 **Follow The Boys** (USA)

*Produktion* Universal/Charles K. Feldman Group (Albert L. Rokkett), *Regie* A. Edward Sutherland. *Buch* Lou Breslow, Gertrude Purcell. *Kamera* David Abel, John P. Fulton. *Musikalische Leitung* Leigh Harline. *Lieder* Sammy Cahn, Jule Styne, Louis Jordan, Leo Robin, W. Franke Harling, u. a. *Production Design* John B. Goodman, Harold H. MacArthur. *Bauten* Russell A. Gausman, Ira S. Webb. *Schnitt* Fred R. Feitshans jr. *Regieassistenz* Howard Christie. *Kostüme* Vera West. *Choreographie* George Hale, Joe Schoenfeld. *Ton* Bernard B. Brown, Robert Pritchard.

*Darsteller* George Raft (Tony West), Vera Zorina (Gloria Vance), Charles Grapewin (Nick West), Grace McDonald (Kitty West), Charles Butterworth (Louie Fairweather), George Macready (Walter Bruce), Elizabeth Patterson (Annie), Theodore v. Eltz (William Barrett), Regis Toomey (Dr. Henderson), Ramsey Ames (Laura), Jeanette McDonald, Orson Welles, MARLENE DIETRICH, Dinah Shore, Donald O'Connor, Peggy Ryan, W. C. Fields, The Andrew Sisters, Arthur Rubinstein, Sophie Tucker, Charles Spivak, Louis Jordan (Gastauftritte), Louise Beavers, Clarence Muse, Maxie Rosenbloom, Maria Montez, Louise Allbritton, Robert Paige, Alan Curtis, Lon Chaney jr., Gloria Jean, Andy Devine, Turhan Bey, Evelyn Ankers, Noah Beery jr., Gale Sondergaard, Peter Coe, Nigel Bruce, Thomas Gomez, Lois Collier, Samuel S. Hinds, Randolph Scott, Martha O'Driscoll (Mitglieder des Hollywood Victory Committee), Molly Lamont (Ms. Hartford), Doris Lloyd (Krankenschwester), Addison Richards (MacDermott), Frank LaRue (Postbote), Stanley Andrews (australischer Offizier), Lane Chandler (Diensthabender des Schiffs), Ralph Dunn

(Loomis), Billy Benedict (Soldat Joe), Wallis Clark (HVC-Mann), Richard Moore (HVC-Offizier), Steve Brodie.

*Marlene Dietrich* in einem Gastauftritt: sie wird von einem Zauberkünstler (Orson Welles) in zwei Teile zersägt.

*Länge* 122 Minuten. *Uraufführung* 1944.

1944 **Kismet** (USA)

*Deutscher Titel* **Kismet**

*Produktion* MGM (Everett Riskin). *Regie* William Dieterle. *Buch* John Meehan (nach dem gleichnamigen Theaterstück von Edward Knoblock). *Kamera* (Farbe, Technicolor) Charles Rosher. *Musik* Herbert Stothart. *Lieder* »Willow in the Wind«, »Tell Me, Tell Me, Evening Star« von Harold Arlen, E. Y. Harburg. *Production Design* Cedric Gibbons, Daniel B. Cathcart. *Bauten* Richard Pfefferle, Edwin B. Willis. *Schnitt* Ben Lewis. *Regieassistenz* Marvin Stewart. *Special effects* A. Arnold Gillespie, Warren Newcombe. *Kostüme* Irene. *Ton* Douglas Shearer.

*Darsteller* MARLENE DIETRICH (Jamilla), Ronald Colman (Hafiz), James Craig (Kalif), Edward Arnold (Mansur, Großwesir), Hugh Herbert (Feisal), Joy Ann Page (Marsinah), Florence Bates (Karsha), Harry Davenport (Agha), Hobart Cavanaugh (Moolah), Robert Warwick (Alfife), Victor Kilian (Jehan), Charles Middleton (Geizhals), Nestor Paiva (Polizeichef), Minerva Urecal (Faktotum), Barry Macollum (Amu), Roque Ybarra (Sohn des Geizhalses), Charles La Torre (Alwah), Dan Seymour (fetter Türke), Dale van Sickle (Mörder), Harry Cording, Sammy Stein (Polizisten), Yvonne de Carlo (im Gefolge der Königin), Pedro de Cordoba (Muezzin), Cy Kendall (Herold).

*Marlene Dietrich* als orientalische Schönheit.

*Länge* 100 Minuten. *Uraufführung* 22.8.1944, Astor Theatre, New York.

1946 **Martin Roumagnac** (F)

*Deutscher Titel* **Martin Roumagnac**

*Produktion* Alcine (Marc Le Pelletier). *Regie* Georges Lacombe. *Buch* Georges Lacombe, Pierre Véry (nach dem gleichnamigen Roman von Pierre-René Wolf). *Kamera* Roger Hubert. *Musik* Marcel Mirouze. *Production Design* Georges Wakhevitch. *Ton* Le Breton.

*Darsteller* MARLENE DIETRICH (Blanche Ferrand), Jean Gabin (Martin Roumagnac), Margo Lion (Jeanne), Daniel Gélin (Liebhaber), Marcel Herrand (Konsul), Jean d'Yd (Onkel), Jean Darcante (Anwalt), Henri Poupon (Gargame), Marcel André (Richter), Marcel Pérèz (Paulot), Michel Ardan, Paul Faivre.

*Marlene Dietrich* als schöne Witwe, die sowohl von einem Bauun-

*Marlene Dietrich als orientalische Königin im alten Bagdad mit Partnerin Joy Ann Page in ›Kismet‹, 1944.*

ternehmer als auch von einem Konsul umworben wird.
*Länge* 115 Minuten. *Uraufführung* Dezember 1946.

1947 **Golden Earrings** (USA)
*Deutscher Titel* **Die goldenen Ohrringe**
*Produktion* Paramount (Harry Tugend). *Regie* Mitchell Leisen. *Buch* Abraham Polonsky, Frank Butler, Helen Deutsch (nach einem Roman von Yolanda Foldes). *Kamera* Daniel L. Fapp. *Musik* Victor Young. *Orchestrierung* Leo Shuken. *Lied* »Golden Earrings« von Victor Young, Jay Livingstone, Ray Evans. *Production Design* Hans Dreier, John Meehan. *Bauten* Sam Comer, Grace Gregory. *Schnitt* Alma Macrorie. *Regieassistenz* Johnny Coonan. *Special effects* Gordon Jennings, Farciot Edouart. *Kostüme* Mary Kay Dodson. *Make-up* Wally Westmore. *Choreographie* Billy Daniels. *Ton* Don McKay, Walter Oberst.
*Darsteller* MARLENE DIETRICH (Lydia), Ray Milland (Col. Ralph

229

*Eine Frau, die allen Männern gefällt: Marlene Dietrich als betörend schöne Witwe Blanche Ferrand in ›Martin Roumagnac‹, 1946.*

Denistoun), Murvyn Vye (Zoltan), Bruce Lester (Byrd), Reinhold Schünzel (Prof. Krosigk), Otto Reichow (Zweiter Agent), Dennis Hoey (Hoff), Ivan Triesault (Maj. Reiman), Hermine Sterler (Greta Krosigk), Gisela Werbiseck al. Gisela Werbezirk (Witwe), Gordon Richards, Vernon Downing (Clubmitglieder), Hans v. Morhart (SS-Soldat), Maynard Holmes (Privatdetektiv), Hans

*Marlene Dietrich als Witwe Blanche Ferrand in ›Martin Roumagnac‹, 1946, der ihre fatale Schönheit zum Verhängnis wird.*

Schumm (Polizist), John Dehner (SS-Mann), Walter Rode (NS-Offizier).
*Marlene Dietrich* als Zigeunerin, die während des Zweiten Weltkriegs einem britischen Geheimagenten zur Flucht vor den Nazis verhilft.
*Länge* 96 Minuten. *Uraufführung* 27.8.1947.

*Szene aus ›A Foreign Affair/Eine auswärtige Angelegenheit‹, 1948: Jean Arthur, John Lund und Marlene Dietrich.*

1948 **A Foreign Affair** (USA)
   *Deutscher Titel* **Eine auswärtige Angelegenheit** *auch* **Eine auswärtige Affäre**
   *Produktion* Paramount (Charles Brackett). *Regie* Billy Wilder. *Buch* Billy Wilder, Charles Brackett, Richard L. Breen, Robert Harari (nach einer Story von David Shaw). *Kamera* Charles B. Lang jr. *Musik* Friedrich Hollaender. *Orchestrierung* Leo Shuken. *Lieder* »Black Market«, »Illusions«, »The Ruins of Berlin« von Friedrich Hollaender. *Production Design* Hans Dreier, Walter Tyler. *Bauten* Sam Comer, Ross Dowd. *Schnitt* Doane Harrison. *Regieassistenz* C. C. Coleman jr. *Special effects* Farciot Edouart, Gordon Jennings. *Kostüme* Edith Head. *Make-up* Wally Westmore. *Ton* Hugo Grenzbach, Walter Oberst. *Produktionsleitung* Hugh Brown.

Marlene Dietrich in ›A Foreign Affair/Eine auswärtige Angelegenheit‹,
1948. Am Flügel Friedrich Hollaender, der auch diesmal – wie in vielen
anderen Filmen Marlenes – die Lieder für sie komponierte.

*Darsteller* MARLENE DIETRICH (Erika v. Schlütow), Jean Arthur (Phoebe Frost), John Lund (Capt. John Pringle), Millard Mitchell (Col. Rufus Plummer), Peter v. Zerneck (Hans Otto Birgel), Stanley Prager (Mike), Bill Murphy (Joe), Gordon Jones (Militärpolizist), Fred Steele (Zweiter Militärpolizist), Raymond Bond (Pennecott), Boyd Davis (Griffin) Bobby Watson (Hitler), Damien O'Flynn (Oberstleutnant), Harland Tucker (Gen. McAndrew), George Carleton (Gen. Finney), Friedrich Hollaender (Klavierspieler), Otto Waldis (Inspektor), Otto Reichow (deutscher Polizist), Edward Van Sloan, Ilka Grüning, Paul Panzer (Deutsche).

*Marlene Dietrich* als Nachtklubsängerin im Nachkriegs-Berlin, die im Dritten Reich zu den obersten Kreisen gehörte.

*Länge* 116 Minuten.

*Uraufführung* 20.8.1948.

1949 **Jigsaw** (USA)

*Produktion* Tower Pictures (Edward J. & Harry Lee Danziger). *Regie* Fletcher Markle. *Buch* Fletcher Markle, Vincent McConnor (nach einer Story von John Roeburt). *Kamera* Don Malkames. *Musik* Robert W. Stringer. *Schnitt* Robert Matthews. *Regieassistenz* Sal J. Scoppa jr., *Special effects* William L. Nemeth. *Make-up* Fred Ryle. *Ton* David M. Polak.

*Darsteller* Franchot Tone (Howard Malloy), Jean Wallace (Barbara Whitfield), Myron McCormick (Charles Riggs), Marc Lawrence (Angelo Agostini), Robert Gist (Tommy Quigley), Luella Gear (Besitzerin einer Tierhandlung), Ken Smith (Wylie), MARLENE DIETRICH, Fletcher Markle (Nachtklubbesucher), Henry Fonda (Kellner), John Garfield (Bummler), Marsha Hunt (Sekretärin), Burgess Meredith (Barkellner), Everett Sloane.

*Marlene Dietrich* hat einen Gastauftritt in diesem Kriminalfilm: sie spielt eine Nightclub-Besucherin.

*Länge* 71 Minuten.

*Uraufführung* März 1949, Mayfair, New York.

1950 **Stage Fright** (GB)

*Deutscher Titel* **Die rote Lola**

*Produktion* Assoc. British Picture Corp. (Alfred Hitchcock). *Regie* Alfred Hitchcock. *Buch* Alma Reville, Whitfield Cook, James Bridie (nach dem Romanen »Man Running« und »Outrun the Constable« von Selwyn Jepson). *Kamera* Wilkie Cooper. *Musik* Leighton Lucas. *Musikalische Leitung* Louis Levy. *Lieder* »La vie en rose« von Marguerite Monot und Edith Piaf, »The Laziest Girl in Town« von Cole Porter. *Bauten* Terence Verity. *Schnitt* Edward Jarvis. *Kostüme* Milo Anderson, Christian Dior. *Make-up* Colin Guarde. *Ton* Harold King. *Produktionsleitung* Fred Ahern.

*Marlene Dietrich und Richard Todd in ›Stage Fright/Die rote Lola‹, 1950.*

*Darsteller* MARLENE DIETRICH (Charlotte Inwood), Jane Wyman
(Eve Gill), Michael Wilding (Inspektor Wilfred Smith), Kay Walsh
(Nellie), Alastair Sim (Comm. Gill), Richard Todd (Jonathan
Cooper), Dame Sybil Thorndike (Mrs. Gill), Miles Malleson (Be-
trunkener), Joyce Grenfell (Pistolenschütze), André Morell (In-
spektor Byard), Patricia Hitchcock (Chubby), Hector MacGregor

(Freddie), Lionel Jeffries, Irene Handl, Cyril Chamberlain, Everley Gregg, Arthur Howard, Ballard Berkeley, Helen Goss, Alfred Hitchcock.

*Marlene Dietrich* als Schauspielerin, deren Geliebter ihren Mann getötet hat.

*Länge* 110 Minuten. *Uraufführung* 15.4.1950, Radio City Music Hall, New York.

1951 **No Highway** (GB/USA)
*US-Titel* **No Highway in the Sky**
*Deutscher Titel* **Die Reise ins Ungewisse**

*Produktion* Louis D. Lighton/20th Century-Fox. *Regie* Henry Koster. *Buch* R. C. Sheriff, Oscar Millard, Alec Coppel (nach dem Roman von Nevil Shute). *Kamera* Georges Périnal. *Bauten* C. P. Norman. *Schnitt* Manuel del Campo. *Regieassistenz* Bluey Hill. *Kostüme* Margaret Furse, Christian Dior. *Ton* Buster Ambler.

*Darsteller* James Stewart (Mr. Honey), MARLENE DIETRICH (Monica Teasdale), Glynis Johns (Marjorie Corder), Jack Hawkins (Dennis Scott), Kenneth More (Dobson), Wilfrid Hyde-White (Fischer), Niall McGinnis (Kapitän Samuelson), Janette Scott (Elspeth Honey), Ronald Squire (Sir John), Elizabeth Allen (Shirley Scott), Maurice Denham (Hauptmann Pease), Dora Bryan (Rosie), David Hutcheson (Penworthy), Hector MacGregor (Erster Ingenieur), Basil Appleby (Zweiter Ingenieur).

*Marlene Dietrich* als Schauspielerin, die sich in einem Flugzeug befindet, das nach Berechnungen eines Wissenschaftlers abstürzen wird.

*Länge* 99 Minuten. *Uraufführung* 2.8.1951, Odeon, London.

1952 **Rancho Notorious** (USA)
*Deutscher Titel* **Engel der Gejagten** *auch* **Die Gejagten**

*Produktion* Fidelity Picts. (Howard Welsch). *Regie* Fritz Lang. *Buch* Daniel Taradash (nach einer Story von Sylvia Richards). *Kamera* (Farbe, Technicolor) Hal Mohr. *Musik* Emil Newman. *Lieder* »Gypsy Davey«, »Get away, Young Man« von Ken Darby. *Production Design* Wiard Ihnen. *Bauten* Robert Priestley. *Schnitt* Otto Ludwig. *Regieassistenz* Emmett Emerson. *Kostüme* Joe King, Don Loper. *Make-up* Frank Westmore. *Ton* Hugh McDowell, Mac Dalgleish. *Farbberatung* Richard Mueller. *Produktionsleitung* Ben Hersh.

*Darsteller* MARLENE DIETRICH (Altar Keane), Arthur Kennedy (Vern Haskell), Mel Ferrer (Frenchy Fairmont), Gloria Henry (Beth), William Frawley (Baldy Gunder), Jack Elam (Geary), Francis MacDonald (Harbin), John Raven (Dealer), Lisa Ferraday (Maxine), Dan Seymour (Paul), George Reeves (Wilson), Lloyd

Gough (Kinch), Rodric Redwing (Rio), Frank Ferguson (Prediger), John Kellogg (Factor), John Doucette (Whitey), Charlita (mexikanisches Mädchen), Lane Chandler (Hardy), Fuzzy Knight (Friseur), Fred Graham (Ace Maguire), William Haade (Bullock), Dick Wessel.

*Marlene Dietrich* als Farmbesitzerin im Wilden Westen, bei der Ganoven und Gauner Unterschlupf finden.

*Länge* 91 Minuten. *Uraufführung* 15.5.1952, Paramount Theatre, New York.

1956 **Around The World In 80 Days** (USA)
*Deutscher Titel* **In 80 Tagen um die Welt**
*Produktion* Michael Todd/William Cameron Menzies/United Arts. *Regie* Michael Anderson. *Buch* S. J. Perelman, John Farrow, James Poe (nach dem gleichnamigen Roman von Jules Verne). *Kamera* (Todd-AO, Farbe) Lionel Lindon. *Musik* Victor Young (Titelsong gesungen von Eddie Fisher). *Orchestrierung* Leo Shuken. *Liedtext* Harold Adamson. *Production Design* James Sullivan, Ken Adams. *Bauten* Ross Dowd. *Schnitt* Gene Ruggiero, Howard Epstein, Paul Weatherwax. *Second-Unit-Regie* Kevin McClory. *Regieassistenz* Lew Borzage. *Special effects* Lee Zavitz. *Kostüme* Miles White. *Choreographie* Paul Godkin. *Ton* Joseph Kane. *Titel Design* Saul Bass. *Produktionsassistenz* Michael Todd jr.
*Darsteller* David Niven (Phileas Fogg), Shirley McLaine (Prinzessin Aouda), Cantinflas (Passepartout), Robert Newton (Inspektor Fix), Charles Boyer (M. Casse), Joe E. Brown (Bahnvorstand), Martine Carol (Touristin), John Carradine (Oberst Proctor Stamp), MARLENE DIETRICH (Barbesitzerin), Charles Coburn (Schreiber), Ronald Colman (Bahnangestellter), Melville Cooper (Steward), Noël Coward (Baggott), Finlay Currie (Whist Partner), Reginald Denny (Polizeichef), Andy Devine (1. Offizier), Fernandel (Kutscher), Sir John Gielgud (Foster), Hermione Gingold (sportliche Dame), José Greco (spanischer Tänzer), Sir Cedric Hardwicke (Gen. Gromarty), Trevor Howard (Fallentin), Glynis Johns (Trinkgenossin der sportlichen Dame), Buster Keaton (Schaffner), Evelyn Keyes (Flirt in Paris), Beatrice Lillie (Predigerin), Peter Lorre (Steward), Edmund Lowe (Schiffsingenieur), Victor McLaglen (Steuermann), Mike Mazurki (Individuum in Hongkong), John Mills (Droschkenkutscher), Alan Mowbray (britischer Konsul), Robert Morley (Ralph), George Raft (Rausschmeißer), Jack Oakie (Kapitän), Gilbert Roland (Achmed Abdullah), Cesar Romero (Diener), Frank Sinatra (Klavierspieler), Red Skelton (Betrunkener), Ronald Squire, Basil Sidney (Club-

*Marlene Dietrich und Partner in* ›Around The World In 80 Days/In 80 Tagen um die Welt‹, 1956.

mitglieder), Harcourt Williams (Hinshaw), Ava Gardner (Zuschauerin), Bill Shine, Robert Cabal, Walter Fitzgerald.
*Marlene Dietrich* in einer kleinen Gastrolle: als Barbesitzerin.
*Länge* 175 Minuten. *Uraufführung* 17.10.1956, Rivoli Theatre, New York.

1957 **The Monte Carlo Story** (USA/I)
*Italienischer Titel* **Monte Carlo**
*Deutscher Titel* **Die Monte Carlo Story**
*Produktion* United Arts./Titanus/Tan (Marcello Girosi). *Regie* Samuel A. Taylor (amerikanische Fassung), Giulio Macchi (italienische Fassung). *Buch* Samuel A. Taylor (nach einer Story von Dino Risi und Marcello Girosi). *Kamera* (Farbe, Technirama/Eastmancolor) Giuseppe Rotunno. *Musik* Renzo Rossellini. *Lieder* »Les jeux sont faits« von Michael Emer, »Rien ne va plus«, »Back Home in Indiana«. *Production Design* Ferdinando Ruffo. *Bauten* Gastone Medin. *Schnitt* George White. *Kostüme* Jean Louis. *Ton* Kurt Doubrawsky.
*Darsteller* MARLENE DIETRICH (Maria de Crèvecoeur), Vittorio de Sica (Graf Dino della Fiaba), Arthur O'Connell (Mr. Hinkley),

*Arthur O'Connell, Marlene Dietrich, Vittorio De Sica und Partner in › The Monte Carlo Story/Die Monte Carlo Story‹, 1957.*

Natalie Trundy (Jane Hinkley), Renato Rascel (Duval), Marco Tulli (François), Carlo Rizzo (Henri), Alberto Rabagliati (Albert), Jane Rose (Mrs. Freeman), Misha Auer (Hector), Clelia Mantania (Sophia), Truman Smith (Mr. Freeman), Mario Carotenuto.

*Marlene Dietrich* als verarmte Gräfin und leidenschaftliche Spielerin, die sich einen reichen italienischen Grafen angeln will, der sich jedoch ebenfalls als mittellos erweist.

*Länge* 102 Minuten. *Uraufführung* 1957.

1958 **Witness For The Prosecution** (USA)
*Deutscher Titel* **Zeugin der Anklage**
*Produktion* Theme Pictures/Edward Small (Arthur Hornblow jr., Doane Harrison). *Regie* Billy Wilder. *Buch* Billy Wilder, Harry Kurnitz, Larry Marcus (nach dem gleichnamigen Theaterstück von Agatha Christie). *Kamera* Russell Harlan. *Musik* Matty Malneck. *Musikalische Leitung* Ernest Gold. *Orchestrierung* Leonid Raab. *Production Design* Alexander Trauner. *Bauten* Howard Bristol. *Schnitt* Daniel Mandell. *Regieassistenz* Emmett Emerson. *Kostüme* Edith Head, Joseph King. *Make-up* Harry Ray, Ray Sebastian,

*John Williams, Marlene Dietrich und Charles Laughton in ›Witness For The Prosecution/Zeugin der Anklage‹, 1958.*

*Marlene Dietrich und Tyrone Power in ›Witness For The Prosecution/ Zeugin der Anklage‹, 1958.*

Gustaf Norin. *Frisuren* Helen Parrish. *Ton* Fred Lau. *Produktionsleitung* Ben Hersh.
*Darsteller* MARLENE DIETRICH (Christine Vole), Tyrone Power (Leonard Vole), Charles Laughton (Sir Wilfrid Robarts), Elsa Lanchester (Ms. Plimsoll), John Williams (Brogan-Moore), Henry Daniell (Mayhew), Torin Thatcher (Mr. Meyers), Una O'Connor (Janet MacKenzie), Ian Wolfe (Carter), Francis Compton (Richter), Norma Varden (Mrs. French), Philip Tonge (Inspektor Herne), Marjorie Eaton (Ms. O'Brien), Ruta Lee (Diana), Molly Ro-

*Marlene Dietrich als Nachtclubsängerin in St. Pauli in ›Witness For The Prosecution/Zeugin der Anklage‹, 1958.*

den (Ms. McHugh), J. Pat O'Malley (Schneider), Norbert Schiller (Beleuchter), Bess Flowers, Dan Borzage (Zuschauer).
*Marlene Dietrich* als Ehefrau eines des Mordes Angeklagten, die Beweise fälscht, um ihn zu retten.
*Länge* 116 Minuten. *Uraufführung* 30.1.1958, Leicester Square Theatre, London.

1958 **Touch Of Evil** (USA)
*Deutscher Titel* **Im Zeichen des Bösen**
*Produktion* Universal (Albert Zugsmith). *Regie* Orson Welles.
*Buch* Orson Welles (nach dem Roman »Badge of Evil« von Whit
Masterson). *Kamera* Russell Metty. *Musik* Henry Mancini. *Musikalische Leitung* Joseph Gershenson. *Production Design* Alexander Golitzen, Robert Clatworthy. *Bauten* Russell A. Gausman,
John P. Austin. *Schnitt* Virgil W. Vogel, Edward Curtiss. *Regie zusätzlicher Szenen* Harry Keller. *Regieassistenz* Phil Bowles, Terry
Nelson. *Kostüme* Bill Thomas. *Ton* Frank Wilkinson, Leslie I. Carey.
*Darsteller* Orson Welles (Hank Quinlan), Charlton Heston (Ramon Miguel »Mike« Vargas), Janet Leigh (Susan Vargas), Joseph

*Szene aus ›Touch Of Evil/Im Zeichen des Bösen‹, 1958: Marlene Dietrich
und Orson Welles, der auch Regie führte.*

Calleia (Pete Menzies), Akim Tamiroff (»Uncle Jo« Grande),
Dennis Weaver (Nachtportier), MARLENE DIETRICH (Tatyana),
Joseph Cotten (Leichenbeschauer), Zsa Zsa Gabor (Nachtklubbe-
sitzerin), Mercedes McCambridge (Bandenführer), Joi Lansing
(Blonde), Valentin de Vargas (Pancho), Ray Collins (Staatsanwalt
Adair), Joanna Moore (Marcia Linnekar), Mort Mills (Schwartz),
Victor Millan (Manuelo Sanchez), Michael Sargent (hübscher Jun-
ge), Phil Harvey (Blaine), Harry Shannon (Gould), Rusty West-
coatt (Casey), Wayne Taylor (Bandenmitglied).
*Marlene Dietrich* in einer Gastrolle: mit brauner Perücke als zigar-
renrauchende Bordellchefin eines letztklassigen mexikanischen
Freudenhauses.
*Länge* 111 bzw. 97 Minuten. *Uraufführung* Februar 1958.

1961 **Judgement At Nuremberg** (USA)
*Deutscher Titel* **Das Urteil von Nürnberg**
*Produktion* Roxlom Films (Stanley Kramer). *Regie* Stanley Kramer. *Buch* Abby Mann. *Kamera* Ernest Laszlo. *Musik* Ernest
Gold. *Production Design* George Milo. *Schnitt* Frederic Knudtson,
Walter Elliott, Art Dunham. *Regieassistenz* Ivan Volkman. *Kostü-
me* Jean Louis, Joseph King. *Make-up* Robert J. Schiffer. *Ton* Ja-
mes Speak. *Deutscher Stab* L. Ostermeier, Pia Arnold, Laci v. Ro-
nay, Frank Winterstein u. a. *Besetzung* Lynn Stalmaster. *Produk-
tionsleitung* Clem Beauchamp. *Aufnahmeleitung* Rudolph Ster-
nad. *Kameraassistenz* Charles Wheeler.
*Darsteller* Spencer Tracy (Richter Dan Haywood), Burt Lancaster
(Ernst Janning), Richard Widmark (Oberst Ted Lawson), MARLE-
NE DIETRICH (Fr. Bertholt), Maximilian Schell (Hans Rolfe), Judy
Garland (Irene Hoffmann), Montgomery Clift (Rudolf Petersen),
William Shatner (Hauptmann Byers), Werner Klemperer (Emil
Hahn), Virginia Christine (Fr. Halbestadt), Torben Meyer (Wer-
ner Lampe), John Wengraf (Dr. Wieck), Otto Waldis (Pohl), Karl
Swenson (Dr. Geuter), Edward Binns (Senator Burkette), Ken-
neth MacKenna (Richter Norris), Alan Baxter (Gen. Merrin), Ray
Teal (Richter Ives), Martin Brandt (Friedrich Hofstetter), Olga
Fabian (Fr. Lindnow).
*Marlene Dietrich* als trauernde Witwe eines deutschen Generals,
die 1948 im Nürnberger Kriegsverbrecherprozeß aussagt.
*Länge* 190 Minuten. *Uraufführung* 14.12.1961, Kongreßhalle, Ber-
lin.

1962 **The Black Fox** (USA)
*Deutscher Titel* **Der schwarze Fuchs**
*Produktion* Arthur Steloff-Image Prod. (Louis Clyde Stoumen).
*Regie und Buch* Louis Clyde Stoumen. *Musik* Ezra Laderman.

*Eine Begegnung mit Frau Berthold (Marlene Dietrich), der Witwe eines hingerichteten deutschen Generals, verhilft dem amerikanischen Richter Haywood (Spencer Tracy) zum besseren Verständnis der Deutschen. Szene aus ›Judgement At Nuremberg/Urteil von Nürnberg‹, 1961.*

*Schnitt* Kenn Collins, Mark Wortreich. *Produktionsleitung* Richard Kaplan. *Produktionsassistenz* Lack LeVien. *Animationssequenzen* Al Stahl. *Sprecherin des Kommentars* MARLENE DIETRICH.

Dokumentarfilm über Adolf Hitler, verknüpft mit der Erzählung »Reineke Fuchs« von J. W. Goethe.

*Länge* 89 Minuten. *Uraufführung* 6.9.1962, Biennale, Venedig. Der Film gewann den Oscar für den besten Dokumentarfilm des Jahres 1962.

1964 **Paris When It Sizzles** (USA)
*Weiterer US-Titel* **Together in Paris**
*Deutscher Titel* **Zusammen in Paris**
*Produktion* Richard Quine, George Axelrod. *Regie* Richard Quine. *Buch* George Axelrod (nach einer Story von Julien Duvivier,

*Nur ein kurzer Gastauftritt: Marlene Dietrich in ›Paris When It Sizzles/
Zusammen in Paris‹, 1964.*

Henri Jeanson). *Kamera* (Farbe, Technicolor) Charles B. Lang jr.
*Musik* Nelson Riddle. *Orchestrierung* Arthur Morton. *Production
Design* Jean d'Eaubonne. *Bauten* Gabriel Béchier. *Schnitt* Archie
Marshek. *Regieassistenz* Paul Feyder. *Special effects* Paul K. Ler-
pae. *Kostüme* Hubert de Givenchy. *Make-up* Frank McCoy. *Ton*

*Marlene Dietrich als Baroneß von Semering (mit Bela Erny und Partnern) in ›Schöner Gigolo – Armer Gigolo/Just A Gigolo‹, 1978.*

Charles Grenzbach, Jo de Bretagne. *Produktionsleitung* Carter DeHaven, John R. Coonan.
*Darsteller* William Holden (Richard Benson), Audrey Hepburn (Gabrielle Simpson), Grégoire Aslan (Kommissar), Noël Coward (Alexander Meyerheimer), Raymond Bussières (Gauner), Chri-

stian Duvallex (Maître d' Hôtel), MARLENE DIETRICH, Tony Curtis, Mel Ferrer (Gastauftritte), Fred Astaire, Frank Sinatra (Gesangsstimmen), Dominique Roschero, Evi Marandi.

*Marlene Dietrich* steigt aus einem weißen Rolls Royce.

*Länge* 110 Minuten. *Uraufführung* April 1964, Trans Lux Theatre, New York.

1978 **Schöner Gigolo, armer Gigolo** (D)
*Internationaler Verleihtitel* **Just a Gigolo**
*Produktion* Leguan-Film (Rolf Thiele). *Regie* David Hemmings.
*Buch* Joshua Sinclair, Ennio de Concini. *Kamera* (Farbe) Charly Steinberger. *Musik* Günther Fischer (unter Verwendung div. Traditionals). *Lied* »Just a Gigolo«. *Kostüme* Ingrid Zoré, Max Mago.
*Darsteller* David Bowie (Paul v. Pryzgodski), Kim Novak (Helga, Generalswitwe), Sydne Rome (Cilly), Erika Pluhar (Eva, Prostituierte), Maria Schell (Frau v. Pryzgodski), MARLENE DIETRICH (Baroneß v. Semering), David Hemmings (Hermann Kraft), Curd Jürgens (Prinz), Bela Erny, Rudolf Schündler, Hilde Weissner, Werner Pochath, Friedhelm Lehmann, Evelyn Künneke, Alice und Ellen Kessler, The Manhattan Transfer, Rainer Hunold.
*Marlene Dietrich* als Baroneß, die in einem zweifelhaften Etablissement im Berlin der Zwanziger Jahre die Gigolos herumscheucht.
*Länge* 147, 106 bzw. 98 Minuten. *Uraufführung* 16.11.1978, Gloria-Palast, Berlin (West).

1984 **Marlene** (D)
*Produktion* Oko-Film (Karel Dirka), *Regie* Maximilian Schell.
*Drehbuch* Meir Dohnal, Maximilian Schell. *Kamera* Ivan Slapeta, Pavel Hispler, Henry Hauck. *Musik* Nicolas Economou. *Ton* Norbert Lill. *Schnitt* Heidi Genee, Dagmar Hirtz. *Produktionsleitung* Peter Genee.
*Marlene Dietrich* ist in dieser Kontrastmontage nur in alten Filmausschnitten, Wochenschauen, Fotos und Interviews zu sehen und als Originalton im Gespräch mit Maximilian Schell zu hören.
*Länge* 90 Minuten. *Uraufführung* 26.2.1984, Filmfestspiele Berlin (West).

# Register

# HEYNE
# **FILMBIBLIOTHEK**

*Unvergeßliche
Stars
Große Filme
Geniale
Regisseure*

32/126

32/122

32/4

32/120

32/6

32/119

32/128

32/116